解放孩子

JIEFANG
HAIZI

孙云晓 著

浙江文艺出版社

图书在版编目(CIP)数据

解放孩子 / 孙云晓著. —杭州:浙江文艺出版社,
2021.6
　　ISBN 978-7-5339-6481-8

　　Ⅰ.①解… Ⅱ.①孙… Ⅲ.①段镇—传记 Ⅳ.
①K825.46

中国版本图书馆CIP数据核字(2021)第075567号


责任编辑　王晶琳　周　佳
责任校对　唐　娇　牟杨茜
责任印制　吴春娟
装帧设计　私书坊_刘　俊　张俊香
封面绘图　柴　玖
营销编辑　周　鑫


# 解放孩子

孙云晓　著

出版发行　浙江文艺出版社
地　　址　杭州市体育场路347号
邮　　编　310006
电　　话　0571-85176953(总编办)
　　　　　0571-85152727(市场部)
制　　版　杭州天一图文制作有限公司
印　　刷　浙江海虹彩色印务有限公司
开　　本　710毫米×1000毫米　1/16
字　　数　216千字
印　　张　16.25
插　　页　4
版　　次　2021年6月第1版
印　　次　2021年6月第1次印刷
书　　号　ISBN 978-7-5339-6481-8
定　　价　59.00元

段镇（1928—2014）

感谢段镇家人提供照片资料

# 段镇与孩子们在一起

点燃孩子们心中自主自动的火花

和红领巾理事会理事们商谈工作

《我们一百万》报试刊号

倡导雏鹰奖章活动

倡导少先队员学科学、爱科学

参加"支持儿童"大会

和孙云晓（右）参加少先队会议

# 部分荣誉

 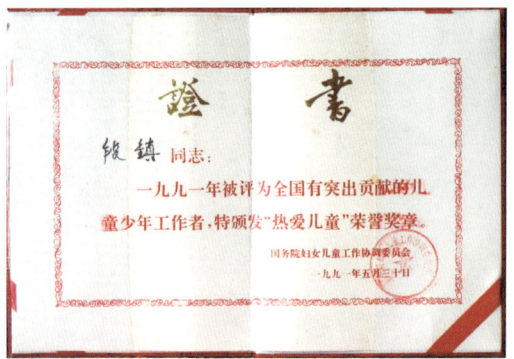 

| ① | ② | ③ |
|---|---|---|
| ④ | ⑤ | ⑥ |

①1988年上海市妇女儿童协调委员会白玉兰奖

②1991年国务院妇女儿童工作协调委员会全国有突出贡献的儿童少年工作者奖

③1991年国务院妇女儿童工作协调委员会"热爱儿童"荣誉奖章

④1999年共青团中央全国少工委少先队工作突出贡献奖

⑤2002年联合国儿童基金会中国地区"支持儿童"活动杰出成就奖

⑥2008年中国青少年研究会中国青少年研究事业终身成就奖

# 部分著作

# 引　言
# 咬定青山不放松

1991年1月28日，无论对段镇还是对中国少先队，都是一个值得纪念的日子。在这一天的上午，段镇少先队教育思想研讨会在上海教育会堂隆重举行。在中国少先队的历史上，召开某个人的教育思想研讨会，这还是第一次。

这次会议由共青团上海市委、上海少先队工作学会、上海社会科学院青少年研究所联合举办。会议代表来自北京、江苏、浙江等15个省市，共111人。我有幸参加了这次非同寻常的会议。

开幕式上，著名教育家、华东师范大学名誉校长刘佛年教授的发言，代表了理论界对段镇乃至对少先队教育的评价。

时年77岁的刘佛年教授说：

少先队教育是整个儿童教育的重要组成部分。儿童的教育除了靠学校、家庭外，还要靠他们自己的集体、自己的组织，也就是让他们从小在集体中学习当家做主，学会自己管理自己，自己教育自己。这种儿童集体的自我教育是培养社会主义一代新人所不可缺少的。儿童集体的自下而上的教育同学校自上而下的教育相结合，这是中国儿童教育特色，也是中国儿童教育的传统和成功的经验，是被少先队40

多年来的历史所证明了的。因此，我认为搞好少先队工作是办好社会主义学校的重要标志。

少先队教育有其独特的规律，少先队教育科学是整个教育科学的重要组成部分，它的发展将为整个教育科学事业注入新的活力。

段镇同志从新中国成立前开始从事少先队工作，至今已达45年，他长期实践，积累了丰富的经验。近十年来，他致力于理论研究，探索少先队教育的规律，在这方面是有建树的。我曾经读过他主编的《少先队教育学》一书，还看过他的《论中国儿童组织的社会功能》和《论创造精神的培养》等论文，我认为这些论文都具有较高的质量。他主编的《少先队教育学》既是理论专著，又是教科书，同时也是实践工作的参考书，体现了理论与实践相结合的特点以及"教育要面向现代化，面向世界，面向未来"的方针。他倡导的"少先队自动化"主张，引导少先队员从小学会自主、自动、自治、自理，充分发挥少年儿童的主动性、积极性和首创精神。这种主张是完全符合时代要求和社会主义教育目标的。他提出的中国少先队的社会功能有教育功能、自治功能、娱乐功能、参与功能、交往功能和保护功能，其中教育功能是少先队的基本功能。少先队对少年儿童具有政治思想的启蒙教育作用，充分发挥少年儿童的主动性、积极性和创造性，使其德、智、体得到全面和谐的发展。自治功能是少年儿童自我意识发展的需要，这对社会主义民主建设和他们日后的终身教育具有重大的作用。参与功能就是少年儿童参与社会活动，履行自己的社会责任，列宁、邓小平对此都十分重视，充分肯定少先队在民主革命和社会主义建设事业中的贡献。娱乐功能和交往功能也是符合少年儿童特点的。玩是少年儿童的第二生命，结伴成群地过集体生活是他们最大的快乐，少先队教育应当是快乐的教育，使他们快乐地学习、快乐地成长发展。最后是保护功能，少年儿童应当受到保护，成为身心健康的社会公民。总之，以上述的一些观点来看，段镇同志对少先队工作有极其丰富的经验和深刻的认识，观点比较鲜明，完全符合现代社会和未来社会的需要，所以他的研究具有创造性、学术性和实践性。

同志们，少先队是一门未来的学科，段镇同志为学科化建设带了一个好头，做出了贡献。全国还有一批老少先队工作者也在为少先队学科建设而共同努力，这一形势是十分喜人的。我希望教育部门都来重视少先队研究，更希望我们的教育科研机构、学者也都关怀少先队教育，支持少先队学科化建设，为丰富发展具有中国特色的儿童教育科学，为创建中国儿童组织的学科体系，做出更大的贡献。

在开幕式上发言最长的是上海少工委主任吴汉民，他做了段镇少先队教育思想概述，题为《为创建中国儿童组织理论体系而奋斗》。他认为，段镇少先队教育思想有三个基本观点：第一，社会主义的儿童观——主人观；第二，少先队的教育观——引导少年儿童在集体中自觉自动地自我教育；第三，全面发挥少先队组织的社会功能。吴汉民还谈了段镇治学的三大特点：第一，少先队研究与少先队教育实践紧密相连，及时回答现实提出的新课题；第二，少先队研究与少先队教育实践齐步同行，从感性到理性，又从理性到实践，形成了一种良性循环；第三，少先队研究面向全体少先队工作者，面向全体少年儿童，实行"专兼群三结合""大小研究相结合"。

专程从北京赶来的全国少工委副主任温愉新也在开幕式上发了言。他称此会的召开标志着"少先队的理论已经堂堂正正地登上了社会科学的学术殿堂"，"还标志着少先队界优秀的理论工作者已经成熟起来了，尽管目前为数还不多，但他们已当之无愧地进入中国当代教育专家的行列了"。在谈到段镇少先队教育思想的形成时，温愉新分析了六个方面的背景，其中之一是："渴望社会主义国家的高度文明和高度民主的社会理想，推动着他的育人实践和对育人实践的理论研究。他的实践和研究的最终目的，都是为未来新世纪培养新主人。这无疑是他的教育思想产生和发展的内在原动力。"

在开幕式上，最后发言的是段镇本人。已经63岁的段镇穿一件白色的夹克，动情地说："我是一个理想主义者，我把社会理想寄托于少先队事业中。我已有的成果是集体的成果。我还处于幼儿园水平，顶多是初生的牛犊，是终身陪同少先队的孺子牛和敢死队。我希望大家多一些批判思维，这将有助于少先队研究的发展……"

这次研讨会开了四天。也许，最令人兴奋的是去闵行区华坪小学参加"小队长招待会"，这也是小队优化组建的形象展示。

据校长郭西薇介绍，该校前身是上海民办浦江小学，条件极差。直到1985年迁入新校舍，改为公办小学，才逐渐发展起来。校长当过辅导员，对少先队一往情深，曾带着年轻的大队辅导员张卫红去段镇家拜师求教。

张卫红不是一般的年轻，长长的辫子，长长的刘海，小小的个子，戴着红领巾，常与孩子们站在一起。

火爆的场面发生在与队员的相见之时。在"小队长招待会"上，每个代表可与小队长随便交谈，也可以较集中地听小队长介绍情况。听张卫红说，孩子们刚开始自愿组队实验一年，已经优化组建64个小队，有镜子小队、飞鹰小队、男子汉小队、赛男孩小队、克塞号小队等等，小队活动空前活跃。

这次"小队长招待会"设若干个点，每个改革实验的中队负责一个点。在五年级的一个点上，一名小队长讲了一个故事："我们的中队长是大队委员，她想当'四道杠'的大队长，也来竞选小队长。可她站出来之后，没人参加她的小队，因为她太凶了，总爱说教，谁自愿跟着她受折磨呀？结果，她大哭一场，最后，还是小队帮她进步了……"

可惜，我由于时间匆忙，来不及细细采访。但是，我产生了浓厚的兴趣，后来以这些故事为内核创作了一部长篇儿童小说《金猴小队》，其中一号人物以小队长胡凯南为原型，大队辅导员则以张卫红为原型。该小说1994年由上海的少年儿童出版社出版（后经修订，2017年由浙江文艺出版社出版）。不久，《金猴小队》又被改编成八集同名电视连续剧，由中国电视剧制作中心赴我的故乡青岛摄制完成，在原中央电视台多次播出，荣获中国电视剧"飞天奖"。

在研讨会期间，代表们各抒己见，学术民主气氛甚浓。夏禹龙、燕国材、曹子方、叶澜和来自全国各地的少先队工作专家王怀偶、卢勤、缪力、徐子煜、徐刚、唐云增、韩振东、康文信、夏秀蓉、倪谷音等同志，还有来自上海红领巾理事会的少先队员代表张炼红、吴弘、张琳等人，都在会上发了言。大家对少先队自动化的提出极感兴趣，也提出了不同见解，但绝大部分同志热情赞赏少先队自动化，并从理论与实践上给予了高度评价。

1月31日下午，段镇少先队教育思想研讨会举行了闭幕式。

华东师范大学教育系主任叶澜教授首先发言。她一向关注和支持少先队改革，曾发表"自愿比合理更重要"的观点。她指出，段镇少先队教育思想和实践探索的核心，即通过儿童组织及其活动，使每一个儿童的个性得到健康、主动的发展。她说：

> 段镇的少先队教育思想体现了这样一种彻底的主体论：人应该成为自己发展的主体，儿童不仅是活动的主体，也是自我教育的主体。
>
> 段镇的思想中最有价值、最有贡献的是对"怎样做"问题的研究，即少先队活动实践的组织与方法问题研究，这也是他教育思想中最活跃、最丰富的一部分。

继叶澜之后，著名教育家吕型伟发了言。吕型伟是中国教育学会副会长，也是上海教育学会会长、研究员。他非常熟悉段镇，平时一见面，总开玩笑说："自动化来了。"

吕型伟说：

段镇同志是我国少先队事业的开创者之一，也是全国少有的终生献身于少先队事业的人。好多少先队工作的开拓者，后来做官去了；许多优秀的少先队工作者，多数也去搞别的事业去了；而段镇把他一生的心血全部献给了少先队事业。我对段镇十分钦佩，他的思想并未随着他的年龄的增长而老化、僵化，而是随着时代的进步和经验的积累而常改常新，不断发展。人老，而思想不老，这是很不容易的。当然，说他的思想常改常新，并不是说他的思想变化多端，反复无常，有一个基本思想是不变的，是变中有不变，不变中有变。他要让少年儿童成为学习的主人、生活的主人、活动的主人，长大后成为社会的主人、国家的主人、未来的主人，这个思想是不变的。但是他要儿童做主人的思想，同西方资产阶级学者鼓吹的儿童本位思想是有区别的，并不是让儿童自然发展，也不是要儿童离开社会、集体去讲个人发展，而是通过中国共产党提供的条件、指出的目标，通过儿童自主自觉的活动，最后在集体中实现他的价值，成为共产主义事业的接班人。

段镇之所以能不断发展他的思想，重要的一点是，他不唯上，不唯书，不人云亦云，坚持实事求是，独立思考，这是非常可贵的。我想到郑板桥有一首写竹子的诗："咬定青山不放松，立根原在破岩中。千磨万击还坚劲，任尔东西南北风。"这首诗非常适合段镇同志。他从18岁起，搞少先队工作，至今45年了。我是在新中国成立初认识他的，他从段大哥，到段叔叔、段伯伯，现在变成段老、段爷爷。少先队工作是不老的，所以叫他段伯伯就可以了，不要再上去了。他非常像郑板桥写的这首诗中的竹子，那种精神是非常可贵的。少先队工作是一门科学，但这门科学现在还没有形成严密的体系，有待大家努力。希望段镇同志继续发扬开拓精神，咬定青山不放松。

# 目 录

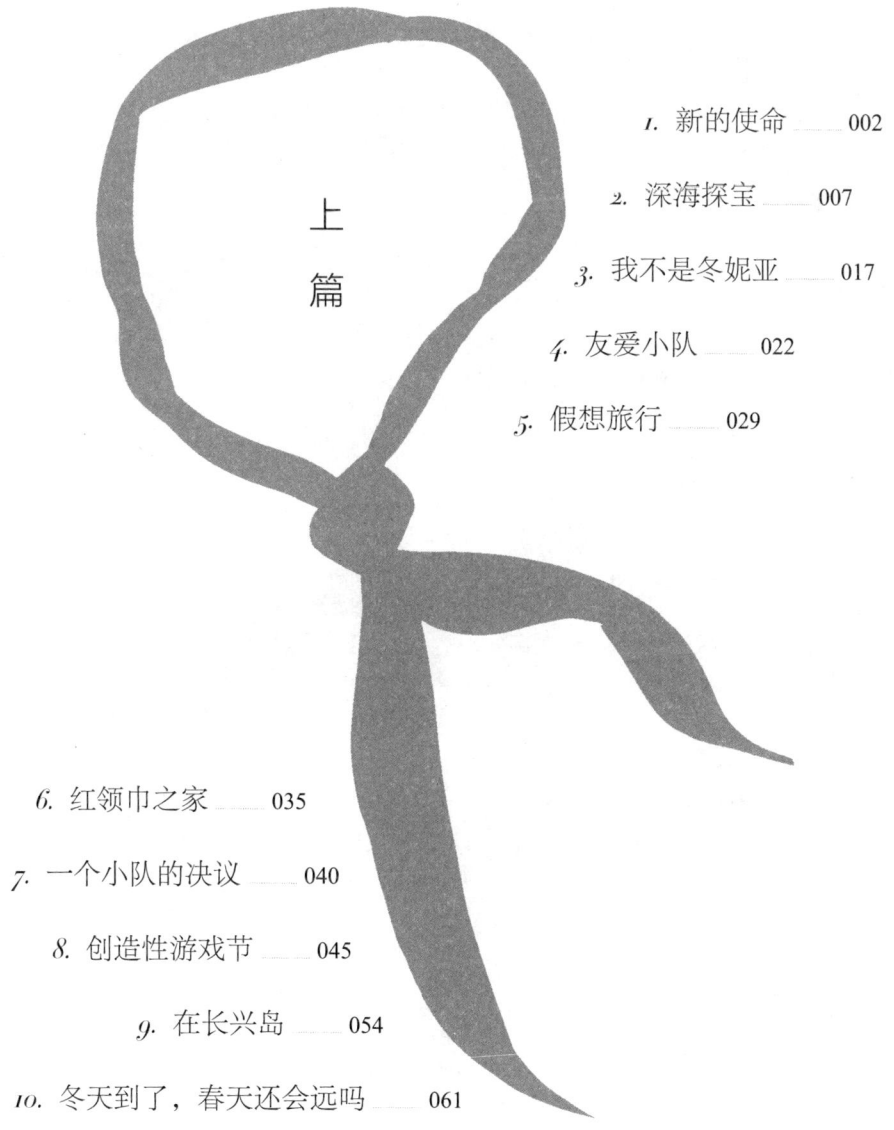

## 上篇

1. 新的使命 _____ 002

2. 深海探宝 _____ 007

3. 我不是冬妮亚 _____ 017

4. 友爱小队 _____ 022

5. 假想旅行 _____ 029

6. 红领巾之家 _____ 035

7. 一个小队的决议 _____ 040

8. 创造性游戏节 _____ 045

9. 在长兴岛 _____ 054

10. 冬天到了，春天还会远吗 _____ 061

2

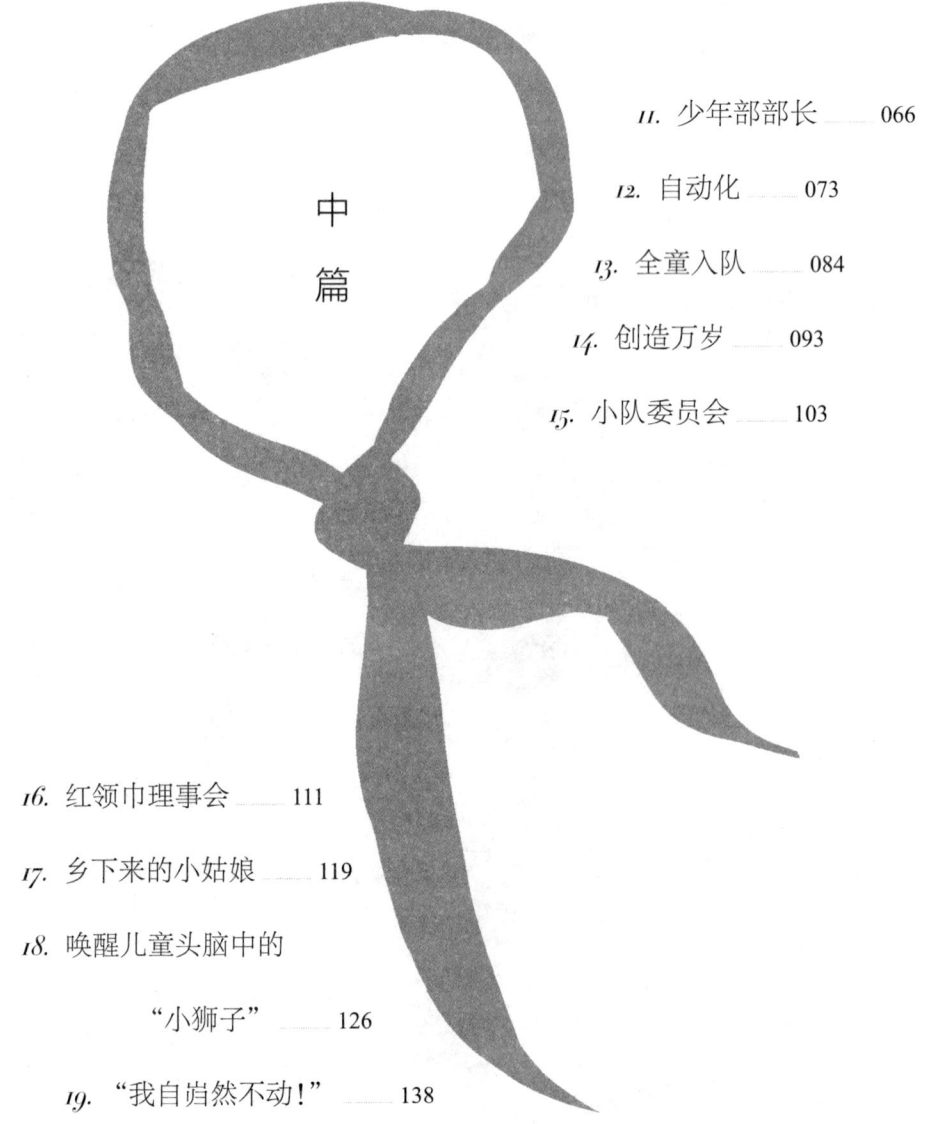

中
篇

11. 少年部部长 ⸺ 066

12. 自动化 ⸺ 073

13. 全童入队 ⸺ 084

14. 创造万岁 ⸺ 093

15. 小队委员会 ⸺ 103

16. 红领巾理事会 ⸺ 111

17. 乡下来的小姑娘 ⸺ 119

18. 唤醒儿童头脑中的

"小狮子" ⸺ 126

19. "我自岿然不动!" ⸺ 138

20. 自愿组队    146

21. 心灵之约    157

22. 难以驯服的小马驹    166

23. 群星灿烂    173

24. 雏鹰奖章    179

25. 温暖的家    189

下 篇

26. 最重要的合作者    194

27. 星星火炬　代代相传    205

28. 你快乐吗    210

29. "中国制造"    217

30. 竞选大队委员的辅导员    221

31. 段伯伯，您在哪里    229    后　记　242

上
篇

旗是红的

血是红的

心是红的

红色的祖国沸腾着豪迈

儿童是纯的

友谊是纯的

爱情是纯的

纯真的天空闪耀着五彩

少先队是活的

孩子们是活的

辅导员是活的

活跃的生命创造着未来

# *1*
# 新的使命

据说，有一个犹太人名叫马勒，他初到上海时，除了一匹马以外，就身无分文了。他靠着这匹马在跑马厅赢了钱，又投资办了船厂。这样，马勒在旧上海这个冒险家的乐园里闯荡一番，摇身变成了腰缠万贯的大富翁。

有一天夜里，马勒在同济大学建筑系读书的女儿做了一个梦，梦见了一幢别致的小楼。马勒知道后，当即请来了有名的建筑大师，按女儿的描述，设计了一幢小楼。为了纪念自己的发家史，马勒还特地铸造了一匹青铜马，安置于小楼的花园中。

根据当年参与建造这幢小楼的工匠们的回忆，此楼建于20世纪30年代初，前后共用十多年时间，花费了巨额资金，楼里的每一块木板都是从英国进口的。

如果你走进这幢挪威式小洋楼的内部，更会发现设计的独特之处。每个房间的地板花纹均不相同，楼梯看上去迂回曲折，据说前面的楼梯是主人走的，用人只能走后面的楼梯。

当21岁的段镇走进这幢小洋楼时，他切切实实地感到进入了一个新的时代。

1945年2月，未满17周岁的段镇加入了中国共产党，那时上海还在日寇的铁蹄之下。在做党的地下工作期间，他曾无数次经过这里，也曾猜想这幢神秘的小楼里面的样子，却做梦也没想到，自己会自如进出这里，并在这里开始那么多悲欢离合的人生故事。

1949年5月27日，上海解放。6月5日，新民主主义青年团上海市工委在这幢小洋楼里宣告成立，并设立了少年儿童工作委员会，即少年部，蔡怡曾为部长，吴芸红为教育科科长，段镇为组织科科长。

蔡怡曾是著名教育家陈鹤琴的儿媳妇，她的丈夫陈一鸣曾是父亲教育研究的重要个案。因为耳濡目染，在做党的地下工作期间，蔡怡曾已经迷上了教育。

陈鹤琴曾提出17条"活教育"的原则，主要有：凡儿童自己能够做的，应该让他自己做；凡儿童自己能够想的，应当让他自己想；你要儿童怎样做，就应当教儿童怎样学；鼓励儿童去发现自己的世界；积极的鼓励胜于消极的制裁；积极的暗示胜于消极的命令；大自然、大社会是我们的活教材；用比赛的方法增进学习的效率；注意环境，利用环境；分组学习，共同研究；教学游戏化、故事化；教师教教师，儿童教儿童；等等。这些"活教育"思想让段镇备感亲切，因为丰富的实践使他惊奇地发现教育理论离自己如此之近。

那些日子段镇正忙于登记铁木儿团、报童近卫军、好朋友团、少年服务团等地下少年儿童组织成员名单，并将其转为中国少年儿童队骨干或团员。

"阿段，"蔡怡曾像个大姐姐一样对段镇说，"做少年儿童队工作要了解少年儿童队员呀。今天的少年儿童队员在学校学习，我们要熟悉今天的学校和学生。我建议你去学校生活一段时间，同时在蓬莱区（今属黄浦区）筹建中国少年儿童队。"

于是，段镇来到了万竹小学（今上海市实验小学），当历史、地理、政治三门课的教师，一周18节课，兼任大队辅导员，同时兼蓬莱区少工委主任，负责建立少年儿童队组织。工作繁忙可想而知，可段镇一点都不感到累。对于一个从黑暗中奋斗出来的地下党员，可以公开地、放手地、自由地工作，简直是一种莫大的享受。

段镇仍然与父母生活在一起，却忙得很少回家，即使回家也常常在夜里。经过五年的地下工作，父母已经理解了儿子，任他跟着党南征北战，并无怨言。他们只是盘算着该抱孙子了，总催儿子早点结婚。段镇便嘻嘻一笑，说："你们的儿子整天做好事，会有好媳妇的。"

1950年4月23日，段镇与蒋文焕、胡德华、吴芸红、祝小琬、颜学琴一起来到北京，参加团中央召开的第一次全国少年儿童工作干部大会（简称"一少"）。

此时，蔡怡曾已调去团华东工委，青教部部长刘祖荣兼任团市工委少年部部长，原先负责青年工作的蒋文焕被任命为少年部副部长。胡德华则担任复刊后的新少年报社社长兼总编辑，该报成为上海暨华东地区少年儿童队队报。

一群地下工作的战友，一起乘上列车向新中国的首都北京飞驰。有"哈哈大王"之称的蒋文焕劲头十足，他眨眨眼睛，嘴巴一努，对着每个人轻声地唱起：

老头子哈哈

小孩子哈哈

…………

段镇马上跳起来扭着："你哈哈，我哈哈，大家一起都哈哈。"

车厢里顿时热闹起来，引得其他乘客直往这里瞧。

吴芸红眯眯笑着说："就差王业康他们几个人了，要不就成了全家福。"

胡德华开心地说："王老板的买卖比过去红火呀！《新少年报》被各个市立学校选作补充教材，发行量超过55000份了！你们说，他这经理部经理怎能不忙？"

…………

"一少"是一次具有创新意义的会议。早在1949年10月13日，团中央常委会扩大会议就通过了《关于建立中国少年儿童队的决议》和《中国少年儿童队章程草案》。这便是建队日的来历。"一少"具体颁布了中国少年儿童队队旗、队歌、队员标志——红领巾、队礼、誓词及口号等，并确定了建队的方针、原则和方法。

最让段镇难以忘怀的是，他们受到了毛泽东主席、朱德总司令和周恩来总理等中央领导的接见。

在返沪的列车上，段镇久久不能入睡，一直在苦苦思索。蒋文焕轻轻地问："阿段，想什么呢？"

"地下少先队转到地上来了，不知怎么入手了。"段镇好像自言自语地感叹道，"戴上红领巾容易，让少年儿童队在队员心中扎下根难哪，可这不正是少年儿童队建设的关键吗？"

蒋文焕比段镇大五岁，经验更丰富。他拍拍段镇的肩膀，说："我看得出来，只要阿段认准的事儿，没有做不成的。"

"可我……"

"别急嘛。你知道有句话叫'不入虎穴，焉得虎子'吗，毛主席的《实践论》里就引用过。"

"你是说深入基层？"

"对！我把它叫作'深海探宝'。你想想看，在海水上面浮着，或在沙滩上转悠，最多捞条死鱼或捡个贝壳，难以发现在深海底下的真正的宝贝。做少儿队工作也是如此。"

段镇点点头，却又疑惑地说："我在万竹小学快一年了，收获很多，宝似乎没探到。"

蒋文焕意味深长地笑了，回答："并不是每个潜到深海的人都能探到宝贝的。探宝首先要识宝，还要有采宝的本领……"

"明白了！明白了！"段镇茅塞顿开，激动地握住了这位兄长般的领导的手，说，"老蒋，你这几句话将是我的立身之本！"

不久，段镇从万竹小学调往上海某区团委任少年部部长，一年后，他又被重新调回团市工委少年部。

一见段镇，蒋文焕再次部署"海底探宝"工作，并建议他到刘元璋所在的肇周路小学去"蹲点"。他说："你到刘元璋那里探宝吧！"

"刘元璋？"段镇脱口而出，因为他知道刘元璋喜欢钻研少年儿童队。同时，他也暗暗叹服蒋文焕的深入一线作风。

蒋文焕点点头，说："那是一个有潜力的辅导员。"

# 2

# 深海探宝

段镇与刘元璋珠联璧合，他们的合作可以说是少先队史上一个非凡的起点和高峰。虽然这座高峰出现在20世纪50年代初期，但是约70年后再回首，那高峰依然巍峨。

蒋文焕说得很对，段镇认准的路，几头牛也拉不住。段镇回少年部没几天，就背着铺盖卷，住进了肇周路小学教师宿舍。不仅如此，他还戴上红领巾，当了"第二辅导员"。不久之后，居然有人议论段镇和刘元璋是"双胞胎"。

说来也有缘。他俩都是常州人，口音相近，身高体形相近，教育观念相近，又都是超级"少先队迷"。两人年龄也差不多，刘元璋只大两岁。有趣的是，刘元璋的女朋友傅汝贤老师，是段镇的同事，这更增加了几分亲密之情。

与段镇参加地下党的经历不同，刘元璋那时在读大学。他的父亲开过钱庄，又当过一家银行的襄理，希望儿子将来成为银行家，所以送他进大学读银行会计系。后来，刘元璋的母亲因病去世；父亲失业，做生意亏本，在忧虑之中去世，年仅41岁。刘元璋的厄运随之降临，他不仅要独立谋生，还要抚养四个弟弟妹妹。1948年，22岁的刘元璋到肇周路小学当了会计。

是金子在哪里都会发光。肇周路小学的老师很快喜欢上了这个新来的年轻人。当时，校长已经逃到台湾去了，上海又物价飞涨，财务的账极容易出错。为了不给老师们增加损失，刘元璋常常要赔上自己的血汗钱，但仍坚持把会计工作做好。他不仅感动了老师们，也引起了地下党的关注，组织开始帮助他提高思想觉悟。

段镇来到肇周路小学之后，慢慢发现刘元璋有一个特点，他话不多，却喜欢专注地听队员讲话，待细细琢磨之后，再提出问题与队员讨论。也许，这就是蒋文焕讲的探宝之法吧。

一天晚饭后，段镇与刘元璋谈起了这个问题。刘元璋谦虚地摆摆手，说："你是行家，我这人笨，只能多琢磨琢磨。不过，孩子的事越琢磨越有味道。"

"你的故事多啊，讲一个听听。"

在段镇的追问下，刘元璋略加思索，便讲起了自己刚担任大队辅导员一个多月时遇到的一件难忘的事情：

一天早晨，下起了瓢泼大雨。稍后，雨虽然停了，但天气还是相当闷热。我来到办公室不大一会儿，突然，一群队员拥了进来，把他们的班主任团团围住了。十几张小嘴哇啦哇啦地叫嚷着：

"教室满地是水，好上课吗？"

"学校为什么把这种板房给我们做教室？我们要求换一间！"

"对！换教室！"

"换教室！"

"老师快给解决吧！"

⋯⋯⋯⋯⋯

一个又一个连珠炮式的责问使班主任相当尴尬。他又急又恼地随口回答说："好，好，我会向总务处去反映的，你们先回去。"

"什么？先回去？回到哪里去？"

"回到满地是水的教室里去吗？"

"应当立即调换教室！"

可是哪里有空教室呢？班主任是清楚学校情况的，他无奈地转身对我说："刘老师，我现在就去总务处，这里请你帮我处理一下。"他说着就挤出重围直奔总务处去了。站在我面前的是一群鼓着嘴生着气的队员。十几双目光犀利的眼睛都望着我，希望我马上拿出办法来。可是，我又有什么好办法呢……

"走，我们去教室看看！"我只得硬着头皮说。

全班的孩子都拥在教室门口，他们互相叫嚷着，说着各种不满意的话。一看到我，嚷得就更厉害了。我望着教室里满地的水，心急促地跳着。多急人哪！越急，我的脑子越乱，越想不出什么好办法。

孩子们里三层外三层地围着我。突然，一个孩子叫了起来："哈，中队长进去游泳啦！"接着是一片笑声。我向教室里头一看，发现中队长跑进阴沟去了。只见他光着脚，裤腿卷到膝盖以上，蹲在教室的一个角上，用小手在水里掏呀掏。紧跟着，又有两名队员光脚跑了进去，也蹲在那儿帮着掏了起来。

污水在三个孩子的手旁打着转，咕嘟咕嘟地响着。

"嘿，这是谁的铅笔呀？"中队长忽然喊道。他手里拿着刚从水里捞起来的铅笔。

"啊！还有，这橡皮是谁的呀？"另一个队员也站在水里喊起来。

好家伙，阴沟里的东西真不少啊！三个孩子从里面掏出了硬纸板、旧本子、断了的角尺、已经成了团的纸片……真没想到，随着孩子们的喊声和笑声，教室里的水慢慢地从阴沟里流出去了。

孩子们的喧闹声平静下来了。他们大概都在想：咦，水怎么一下子流出去了呢？

"同学们，明白了吗？教室里积水是因为下水道被垃圾堵住了。"我说。我觉得这时我应当说话了。不知怎么的，我相当激动，也许是自卑感在隐隐约约地作怪？是的，中队长是多么肯动脑子，多么果敢哪！我自己，一个少先队辅导员，为什么就没有先想到阴沟堵塞的问题，没想到动手去掏阴沟呢？为什么我没有及时地脱掉鞋子，卷起裤腿？

"同学们，让我们一起来检查一下阴沟口，一起来想法子让水都流出教室吧。"

说完，我也动手去掏阴沟，掏出满满两大把污物，给孩子们看。

他们开始明白了，原来阴沟堵塞，是因为有些同学平常把阴沟当成了垃圾箱，总往里扔东西。孩子们这时候你瞧瞧我，我瞧瞧你，显然，有些孩子感到难为情了。

"同学们，这是我们有些人随地乱丢垃圾造成的恶果啊！"我说。

我强烈地意识到，在掏阴沟这件事情上，我落在三个孩子的后面。现在，对于中队长和两名队员的优良表现我不应当沉默了，而应当当众表扬他们。

"阴沟堵塞，大雨后水倒灌了进来，积水了，影响了上课，其实是我们平时的不良习惯造成的。隔壁教室同样的建筑为什么就没有发生这样的事呢？大家想想看，如果我们都像中队长和两名队员那样肯动脑筋，敢于动手，不站在一旁空喊，教室里的水不早就流走了吗？再说，如果我们平时就注意不随地乱丢垃圾，这样的事本来就可以避免发生的嘛。"

孩子们听着我的话，有的伸伸舌头，有的对着别人做怪脸，有的表情很严肃。他们的表现虽然各不相同，但是，可以看出，大家心里是同意我的看法的。

段镇听得入迷了。他在想，对于一个生活在孩子中的辅导员来说，这本是一件多么普通的事呀，可刘元璋却从中发现了最宝贵的东西。

"这件事情解决得很好呀，你还在想什么呢？"见刘元璋陷入了沉思，段镇轻轻推了他一下。

"问题似乎是比较顺利地解决了。但是，这件事让我想到了很多。"刘元璋把左手五个指头插入浓密的黑发里，微微皱起眉头，说，"那些孩子们的喧闹声，在遇到困难时看着我的那几十双充满期待的眼睛，中队长和两名队员掏阴沟的情景，等等，都在向我提出问题：为什么会这样？少先队的作用在哪里？辅导员应怎样引导队员们？阿段，你说呢？"

段镇重重地点了点头，说道："这正是我好长时间都在思考的一个问题。戴上红领巾不是目的，目的是让红领巾的精神随时随地都起作用。也许，列宁夫人克鲁普斯卡娅讲明白了这个道理，她说，少先队要'通过组织培养新人'。"

"通过组织培养新人？"刘元璋的眼睛亮了起来，他大声说，"少先队要把孩子们组织起来。如果能够把他们真正团结在一个友爱上进的集体里，使他们每一个人都能机智勇敢地对待发生的一切问题，没有一个人在困难面前空喊，每个队员都愿意为集体贡献自己的力量，那该多好啊！"

知音相遇，两人都信心倍增，跃跃欲试。

机会很快就来了。

一个星期二的上午，段镇正和刘元璋在大队部看材料，六（丙）班的秦老师匆匆走进来了。她举着一本大楷簿，气咻咻地说："好啊，少先队的大领导都在这儿啦，你们快看看吧，少先队员竟然会在作业本上写别人的绰号，讽刺人。"

刘元璋看了段镇一眼，段镇说："咱们先看一看再说。"他俩翻开本子，翻过一页又一页，只见有一页上面写了三行"黄胖橄榄"的大楷字样。

"这是谁写的?"段镇抬起头来问。

"张二毛。这个孩子相当任性,脾气也大。"秦老师稍作停顿后问道,"是否给他一个处分?"

"处分?"刘元璋愣了一下,"给什么处分?开除不够格;记过吧,恐怕也解决不了问题。"

段镇说:"关键是要弄清原因,引导帮助。"

秦老师困惑了,说:"总不能出现了问题却听之任之吧,当众批评妥当吗?"

刘元璋想了一会儿,建议道:"我看还是先了解一下张二毛的想法,摸清了情况,再研究如何处理为好。"

秦老师接受了段镇和刘元璋的建议,回去便找来张二毛谈心。她压住火气,问道:"二毛呀,你知道为什么要天天学写大楷吗?学校为什么必须设立这门课程呢?"

张二毛一声不吭。

"为什么要在大楷簿上乱涂乱写呢?"

"我没有乱写!"张二毛两眼一瞪。

"那写这么多的'黄胖橄榄'又是为什么呢?"

张二毛仍然不吭声。

"老师是让你临帖写字的呀,为什么在本子上写别人绰号呢?"

张二毛还是不吭声。

"再不说明原因就不是好孩子了。你讲明白了,老师才有可能帮助你解决问题。"经过反复的开导,张二毛终于说出了事情的原委。

原来,他是感觉中队长黄德方(一个身材矮胖的孩子)的作风太气人了。平时,谁的言行不符合他的要求,他就随意训人。有一次,张二毛实在看不惯了,向黄德方提了意见:"你是大伙选的,应当热心为大伙服务,不应待人这样凶!"可黄德方不愿听,还反驳说:"我是队长,就是要管你，凶一点是为了你好！"说得多气人哪。张二毛心想：下次不选他，可起码要等到明年，而且也不是一个人想怎么选就能怎么选的；去报告老师吧，他学习成绩全班第一，老师肯定要帮他讲话的。想来想去，忍无可忍，张二毛就在大楷簿上发泄。他对秦老师说："也不仅仅我一个人对中队长有意见，你不妨去问问别的同学，说不定意见比我还多呢。"

看着张二毛诚恳的样子，秦老师的心被触动了，似乎有些相信张二毛的话了。她让张二毛走后，马上又找了几个熟悉黄德方的同学了解情况，果然证实了张二毛的话。

当秦老师第二次走进大队部的时候，语气已经不再激烈了，她甚至还有些内疚。

"请坐下慢慢说。"段镇察觉到了秦老师态度的变化，主动为她送过去一把椅子。

"这件事我也有责任哪，对孩子们了解得不够，帮助得更不够。"秦老师摇摇头，说，"黄德方这个中队长呀，他工作虽然很认真，但也有些盛气凌人，听不进队员们的合理意见，有些脱离队员了。可我只看到他学习成绩优良，工作积极肯干，而忽视了他的缺点。"

刘元璋微微一笑，他为秦老师的改变而感到欣慰，因为能如此自我反省的教师并不多。他赞扬道："问题抓得好！少先队要坚持民主作风。队长和队员是同志，发现谁有缺点，应当耐心地劝导和帮助，怎么能随便训人呢？"

秦老师连连点头，说："是啊，这是个很重要的问题。可是，张二毛在作业簿上挖苦人的行为也不对呀！这一对矛盾怎么解决，我还一下子想不清楚。"

"我看并不复杂，少先队内部的事情应由队组织自己来解决嘛！"

刘元璋话音刚落，段镇兴奋地说："大队辅导员的建议非常正确！我们要相信孩子，相信少先队员。也只有这样做下去，少先队的集体才能真正培养起来。秦老师，您放手让队员们干吧，思路对头了，坏事可以变为好事。"

"是这样的。"刘元璋肯定地说，但他语气一转，向秦老师建议道，"不过，当少先队组织还没有意识到应当自己来解决问题的时候，咱们做辅导员的，除了自己吸取教训之外，还应当把辅导之责担当起来，为解决问题打好基础，做好思想启迪工作。"

听了刘元璋这一番话，段镇暗暗折服，更加相信了蒋文焕的判断。

在随后的几天里，段镇发现刘元璋格外忙碌起来，他进出于六（丙）班，与秦老师一次次交谈，又与中队长黄德方一次次谈心。

段镇来肇周路小学蹲点后，天天早晨与青年教师们一起在操场上跑步。这天早上，他边跑边问刘元璋："张二毛事件进展如何？"

刘元璋笑眯眯地回答："孩子真是纯洁可爱！我跟黄德方谈如何当一名称职的中队长，又暗示了队员们对他的意见。这孩子马上就悟出了道理，又聪明又诚实，真不错呀！"

"他讲了些什么？"段镇饶有兴趣地追问。

"他挺难过，说原本以为自己是一片好心，想不到队员们会有那么多意见。他愿意吸取教训，改进作风，好好为大家服务。"

段镇正欲讲话，刘元璋摆摆手，气喘吁吁地说："还有呢，在黄德方的要求下，中队委员们召开了会议。队委们统一了思想，决定举行一次专题讨论会，并分别去做队员们的工作。"

"好极了！这才是真正的少先队组织的作用呢！"段镇连连称赞，说，"这次中队会，咱们一起去参加！"

一个星期五的下午，以"一张大楷"为引子，六（丙）中队的讨论会如期举行了。当段镇、刘元璋到的时候，队员们快活地鼓起了掌，并请他们先发言。段镇摆摆手，说："少先队员是少先队的主人，你们讲，大人听。"

中队讨论会开始了。

中队长黄德方站了起来，他先向队员们敬了一个队礼，接着就深情地对大家说："队员们信任我，选我当中队长，我却辜负了大家对我的信任，没有把工作做好。这次大楷事件，看起来是张二毛的问题，他不应当写绰号来攻击人，实际上事情的起因，还是我的作风问题。我在这儿郑重地向张二毛、向我曾不礼貌对待过的队员道歉，我愿意在今后做好服务工作，接受队员们的监督。"

中队长的发言使许多队员感到意外，教室里一时间鸦雀无声。突然，张二毛站了起来，激动地说："这事不能怪中队长，用大楷写绰号讽刺人是我干的事，这是个错误！我对不起老师的苦心教导，对不起队组织对我的关心。用错误的方法攻击中队长，太不应该了，我在这儿、在队旗下向中队长和大家道歉。我一定树立正确的学习态度，有意见要善意地、当面耐心地提。"

他俩的发言引得了阵阵掌声，引发了队员们热情洋溢的讨论。

有的说："写大楷是为了提高书写质量，是好好学习、天天向上的一个重要方面。"

有的说："写大楷一定要认真，要按照老师的指导，临摹范帖，绝不能乱涂乱写。"

有的说："不论是队长还是队员，同学之间都应当互敬互爱，互相帮助，有意见要诚恳提、热心帮；听意见的人要虚心、耐心，对的要坚决采纳，有出入的也应耐心解释。"

还有一名队员还当场检讨了用小石块投掷中队长家窗门的错误做法。

…………

一场队员与队干部之间的纷争解决了，并起到了促进队集体民主建设的积极作用，使每一个人都感到心情舒畅。

会后，在段镇的建议下，刘元璋将这件事写了一份总结，经团区委报给了团市工委少年部，希望少先队工作者关注队内时常显露的这类苗头。

团市工委少年部部长刘祖荣、副部长蒋文焕刚刚出国考察回来，一读到刘元璋的总结，就迅速赶到了肇周路小学，来见这位年轻的辅导员。

刘祖荣高兴地称赞道："我祝贺你们！这件事的解决是有启迪性的，少先队绝不只是搞搞活动、唱唱跳跳的组织，它应当通过适当的活动，引导队员们自己教育自己，自己管理自己，使他们从中学会团结起来，当好新中国的小主人！"

蒋文焕开心地冲段镇眨眨眼睛，轻声问："怎么样？深海里有宝贝吧？"

# 3

## 我不是冬妮亚

解放后的空气是自由的。人们尽管仍生活在贫困之中，却因自由而备感幸福。

1950年6月1日，团市工委少年部部长刘祖荣在《解放日报》发表文章，题为《上海解放以来的少年儿童队》。该文报告说：1949年10月，团中央发布建队决议后，自去年11月至今年3月，已成立队部162个，发展队员30792人，占全市适龄少年儿童的十分之一。

两个月后，上海市第二届少年儿童工作研究班在杨浦区开班。正在肇周路小学蹲点的段镇，奉命参与这次研究班的筹备组织工作。

段镇是个很活跃的人物。这么多年轻的辅导员住在一起，岂能少得了歌舞游戏？于是，他使出浑身解数，让每个人的潜能都发挥出来。研究班的气氛格外热烈，连来讲课的刘祖荣、蒋文焕都表示刮目相看。

段镇没有料到的是，一个姑娘悄悄进入了自己的心坎，以至于感觉到处都是她的倩影。

姑娘名叫李蕙芳，年仅19岁，是区少工委委员、尚文小学少年儿童队中队辅导员。作为部长，段镇早就认识了李蕙芳，知道她是一个进步、热情、虚心好学的辅导员。在这次学习期间，李蕙芳联系实际，勤于思考，总能提出一些耐人寻味的问题，引起了蒋文焕的注意，他点名让李蕙芳上主席台发言。主席台后面的墙上，有一幅描绘垦荒者的巨型画作。李蕙芳立下誓言："要做一个优秀的少年儿童队工作的垦荒者！"她的一席话让段镇动了心，感觉似乎越来越强烈。连他自己也不明白：为什么以前只想工作，如今却怦然心动了呢？

感情是说不清楚的。只是段镇总想见到李蕙芳，总想与她讲话，甚至与她在一起的刹那都会感到这世界格外明亮、格外可爱。

该交研究班的学习总结了，段镇发现李蕙芳只写了一页，马上派人通知她来谈话。

"段镇同志，你找我？"

段镇只觉得一股青春之气袭来，笑着指指桌子上的那张纸。

李蕙芳一看是自己的总结，怯怯地问："怎么了？有什么不对吗？我从来没写过总结，不会写啊！"

"别着急，什么都可以学嘛。"段镇安慰着李蕙芳，又耐心地告诉她应该怎样写出自己的收获，足足讲了半个多小时。

李蕙芳听了，对段镇十分感激，表示愿意回去重写。按照段镇讲的那些思路与技巧，李蕙芳认真地重写了总结，第二天送交段镇，得到了段镇的称赞："李蕙芳，你很有灵气，写得不错！"

李蕙芳心满意足地回去了。段镇也长长地舒了一口气。

一个星期天，李蕙芳接到段镇的邀请，到尚文小学见面。身穿花旗袍的李蕙芳赶到学校时，才发现办公室里只有段镇一个人。

段镇表面十分平静，内心激情如火。他请李蕙芳坐下，掏出一包花生米，与她一边吃着，一边谈起了少年儿童队工作，还谈起了自己的身世经历。

李蕙芳似乎意识到了什么，心也怦怦直跳。眼前的段镇瘦瘦的、高高的，一身灰制服，裤子短得有些吊起……这形象却让李蕙芳感到他的高大、神秘。

　　"李蕙芳，"段镇轻柔地呼唤她，用一双深情的眼睛定定地看着她，说，"让我们永远做好朋友吧！"

　　"这……"

　　李蕙芳呼吸急促，脸色绯红，说不出话来，只感觉两只手被紧紧地握在一双大手里。她喃喃地回答："好的，永远！"

　　第二个星期天，段镇买了两张歌剧票，请李蕙芳看《白毛女》。李蕙芳没有拒绝，她体验到了一种从未有过的甜蜜。

　　李蕙芳当然不是因为一两次约会就和段镇定情的。在交往期间，段镇热情地教她唱歌，带她去看望贫困户，鼓励她捐赠，使她感受到了一颗诚挚之心，一个充满活力的生命，她开始期待激情如火的爱情。但是她没有料到，她的爱情之帆刚刚升起，就要经受暴风雨的考验。

　　李蕙芳一家是土生土长的上海人。解放前的上海只有南市是城里，其余都算郊外，而李家正是南市人。她的祖父精明过人，又奋力拼争，在河南路上开起了呢绒毛料店，日子红火起来。日寇占领上海，李家生意大受影响，家境日渐衰落。

　　上海解放后，李家的房子上交了，只留一幢住所。组织上安排李蕙芳的父亲在一家工厂的职工中学当了语文教员。因为父亲保护过新四军，又爱护职工，后来成分改为职员。不过，毕竟靠祖父留下些家底，与周围邻居相比，李家还是富裕的。

　　李蕙芳在文化小学读书时，班主任和教导主任都是地下共产党员，她自然受到潜移默化的影响。后来，追求进步的李蕙芳成了地下党的外围组织学联小组的成员。上海一解放，党组织便安排李蕙芳去尚文小学当了教师，这也是她本人的意愿。

　　入了团，当了区少工委委员，又与少年部部长谈起了恋爱，李蕙芳外出开会便骤然增多起来。

　　段镇本是工作狂，少工委的会常常开到深夜。李蕙芳担心母亲过于着急生气，有时就提出早点回家。段镇便劝她为了少儿队，坚持把会开完。

一次，李蕙芳病了，段镇来探望她。

那是一个大雨天，22岁的段镇披着雨衣，穿着长靴，骑着破自行车来李蕙芳的家。敲开门后，李母警惕地问："你是谁?"

段镇不卑不亢地回答："我是区少工委的，听说李蕙芳委员病了，来看看她。"

"她睡了。"

"我等她醒来。"

说罢，段镇进了屋子。李母无可奈何，只好任由他坐在客厅，却不倒茶，也不与他说一句话。

段镇一个人孤单地坐在偌大的客厅里，打量起了李蕙芳的家。他这才发现，李蕙芳的家境非同一般。他明白了李母对自己的态度，更为李蕙芳能与自己相爱而感动。

等了许久，仍不见女朋友出来，段镇催请李母去叫，又遭拒绝，只好告辞。

转眼到了农历年底，区少工委自然有活动安排。一天，李蕙芳按时出门，母亲拦不住，只好要求女儿10点之前回家。10点，女儿未归，母亲打电话，发出最后通牒："如不马上回家，今后不许回家!"

李蕙芳心乱如麻。她深知母亲其实心地十分善良，唯恐母亲急出病来；回去吧，又再难出来，一时犹豫不决。

段镇给女朋友鼓劲，说："如此专制，就不回家，我们要学会争取自由嘛!"

"对，不回家!"一名姓吴的女委员边给李蕙芳打气边说，"你住我家里，咱姐俩儿好好过个年!"

李蕙芳抹去眼泪，心一横，给家里打了电话，说不回家过年，未讲住址就挂断了电话。年轻人纷纷为之欢呼。

且说段家知道儿子找了女朋友，一家人欢天喜地。段母听说未过门的媳妇与家里闹僵了，不能回家过年，叹息之余，做了不少好吃的，让儿子送过去。段镇天天给李蕙芳送东西，顶风冒雪也不误。

大年初五，段镇刚走进办公室，李蕙芳的父母便找来了，急切地问："段镇同志，我们的女儿呢？"

段镇回答："不知道。听说你们不让她回家嘛！"

李母一听就哭了起来，一边抹泪，一边说："那都是气话，怎么可以当真？谁家父母不心疼孩子？又是一个女儿家！"

他们恳请段镇帮助找回女儿，并保证今后不再阻止女儿出来开会。

段镇假装为难地说："我尽量帮你们找吧，可她要是害怕你们这不许那不行怎么办呀？"

"只要女儿回了家，我们什么都依着她。"

未来的岳母终于彻底投降了。段镇表面平静，心中大喜。他送走了两位老人，跳上破自行车，飞快地驶向吴家。

段镇与李蕙芳的恋情在李家刚刚获得了通行证，又引来了团区委一些同志的关心。一些不太了解李蕙芳的人，见她有时穿皮大衣，有时穿米色呢子大衣，担心她今后会变成"冬妮亚"。冬妮亚是苏联著名小说《钢铁是怎样炼成的》中的一个人物，她美貌、热情，要求进步，曾与保尔·柯察金恋爱，却是爱慕虚荣的资产阶级小姐，最终两人爱情破灭。

"不会的！你们看着吧！"段镇自信地回答同志们。

"冬妮亚"之说最终传进了李蕙芳的耳朵。这个已经入党的姑娘对此嗤之以鼻，她坚定地回答："我不是冬妮亚，我是共产党员！"

# *4*

# 友爱小队

蹲点让段镇尝到了甜头，甚至使他终身受益无穷。

少先队建队50周年时，段镇回首往事，感慨万千，他在《沉下去，"海底探宝"——五十年一得：谈蹲点》一文中写道：

我从事少年儿童和少先队工作从"地下"到"地上"，从筹建中国少年儿童队直至今日少先队，前前后后总共有54个年头，基本上没有离开过少先队，这是我的幸运。如今虽已年过七旬，仍能快乐地为少先队奋斗。我的座右铭是："甘为红领巾孺子牛，誓当少先队敢死队。"我想我将干下去，干到死而后已。

我的领导老师、领导大哥大姐们传授给我许多宝贵的精神财富，其中最珍贵的"宝贝"是群众观点、群众路线。它是少先队工作的"法宝"，又是培育锻炼少年工作者的"法术"。建队50年来，我就是这个"法宝""法术"的学习者、使用者、体验者和受益者。

群众观点、群众路线具体化为领导方法、工作方法，就是"蹲点打圈，点面结合"。这是20世纪50年代以蒋文焕为首的团市委少年部所倡导、实行的。蒋文焕一直要我们"深入基层、深入群众"，要"沉下去，沉到底"，"从群众中来，到群众中去"，实行"领导和群众结合，一般号召与个别指导结合"。他强调领导首先要抓点，有了点才有面，由点而面，这是科学的领导规律。他任少年部部长期间总是以身作则做示范，亲自抓点、蹲点。上海首创的第一届夏令营，他亲自担任营主任，住在营地，十天里与孩子们同吃同住同玩，打成一片，从中直接了解孩子，同营中队辅导员一起研究怎样组织野外活动、军体活动和丰富多彩的集体生活，亲自总结办营经验。以后六七年就都让我去办。他又亲自分别去一个中学和一个小学蹲点，在师大附中创造了"把烂污二变为土牌二"的培养初二集体，转变顽皮少年的经验，带出了优秀辅导员林炳英（林后任附中校长）；在南市实验小学蹲点，总结了中队辅导员培养小学少先队集体的经验。点的经验宣传了先进的科学的少先队教育思想和辅导方法，一个点就是一个榜样一面旗，面就被带动起来；先进的典型人物、典型经验带动了面的工作，也带动了面上一大批辅导员，真是闪光一点，引亮一片。

在肇周路小学期间，段镇与刘元璋一起，创造总结了著名的"友爱小队"的经验，而这完全是从队员的实践中来的。

一天下午，段镇正和刘元璋商量事情，副小队长张元元推门进来说："辅导员，小队长陆幼珍两天没来上课了，怎么办？"

他说话的态度，既不焦急，也无同情之感。两个辅导员还未回答，他接着又说："准是逃学了。哼，还是小队长哩！"

"中队辅导员知道了吗？"刘元璋问。

"知道了，他让我到她家去了解了解。"

"那么，你去了没有呢？"

"没有……没有去。"他吞吞吐吐，但接着又肯定地说，"我猜想，她一定是没有什么理由，我吃准是逃学了！"

"吃准是逃学？"刘元璋不由得重复想了几遍。他为什么这样分析呢？

陆幼珍并不是经常旷课的学生啊！是什么原因促使张元元这样猜测呢？一个是小队长，一个是副小队长，两个人每天都在一起，然而张元元竟是这样不信任陆幼珍，他们的友谊在哪里呢？陆幼珍可能是逃学，然而那需要去家访之后才能肯定啊！可现在，他没有这样做就断定陆幼珍是逃学……很明显，在这两个小队长之间，友谊还没有建立起来；也许，整个小队都存在这种情况吧……友谊，这是任何一个小队都不能缺少的啊！

"你推测她一定是逃学吗？"刘元璋又问了一句。

"一定是！队组织应该处分她。"

"处分？确有这件事，中队委员会是可以给予必要的批评的，可是，要有足够的理由！怎么可以只凭猜测，就随意批评或处分人呢？队章上有这样的规定吗？"刘元璋有点激动了。他想，应当尽力使张元元意识到作为一个小队长的责任。

张元元沉默了，一声不响地望着两个辅导员。

"现在我还不能同意你的意见，我不赞成随意批评一个人！"刘元璋继续说，"我看，还是按照中队辅导员的建议，先派一个同学，或者你自己亲自去一趟，了解了解她到底为什么不来上学，弄清楚了事情原委再来决定是否要批评，好不好？"

张元元的脸骤然红起来了，两手搓着衣角，也许他事先没有料到辅导员会这样回答吧。为了使这种不和谐的气氛快点散开，刘元璋扶着他的肩膀说："张元元，我思考再三，最好还是由你自己去完成这项任务，不知你是否愿意？"

"我愿意！"张元元的脸色开始缓和了。

"很好，请你今天就去！把陆幼珍不来上学的原因详细地了解一下。如果真的是旷课，那小队应当给予必要的批评；要是因为家里发生了什么事情，那我们队组织就应当关心她、帮助她。你了解完了，希望能让我们和中队辅导员最先知道，我想看看你任务完成得怎样。你同意吗？"

"好，我现在就去！"张元元兴奋起来了，话刚说完，就飞一样地冲出了办公室。

望着张元元远去的背影，段镇与刘元璋两人对视了一下，会意地大笑起来。

"你为什么笑？"

听段镇发问，刘元璋没马上回答，却反问："你为什么笑呢？"

段镇回道："我笑你这一招实在妙不可言，既调动了孩子的积极性，又为解决难题架起了桥梁，张元元却毫无所知。"

刘元璋眯着眼睛说："阿段，我时常觉得当辅导员开心死了！这孩子们一个个跟水晶人似的，整个儿一个透明体，那点小心眼儿谁看不出来？可孩子们是那么热情、执着，让人怎能不喜欢他们？"

"等着瞧吧，准有新情况！"段镇自信地说。

果然，第二天早晨，段镇和刘元璋吃过早餐，刚刚走进大队部，张元元就来了。紧接着，中队辅导员也匆匆赶来，她也是来谈陆幼珍缺课的事儿。

三个辅导员交换了一下眼色，示意张元元先讲。

张元元的表情和前一天下午来报告时大不相同，脸上已经没有之前那种毫无同情之意的神色，他相当严肃地汇报："报告辅导员，我已经到陆幼珍家去过了，她不是逃学。"

"那她为什么不来上课，又不请假呢？"刘元璋急着问。

"她的弟弟病得很厉害，妈妈要去上班，又要请医生、买菜，只能把陆幼珍留在家里照顾弟弟，一时抽不出身来请假。她见到我去了，很着急，说弟弟不知道什么时候才能好，如果老不到校上课，功课会落后，她担心赶不上大家……"张元元愈说愈急促，他最后问，"辅导员，你们说该怎么办呢？"

"是的，怎么办呢？"三个辅导员都在想着这个问题，以至于忘了张元元站在一边正等待着他们的回答。

"我知道，昨天是我错怪了她，随便说人家逃学。可是现在……"他做检讨似的自言自语。

这时，中队辅导员讲话了："我们大家应当立即想办法帮助陆幼珍。"

段镇和刘元璋当然很赞成中队辅导员的建议，因为这正是对孩子们进行友谊教育的好时机。

张元元活跃起来了，他说："我们想今天下午开个小队会，由我报告陆幼珍家的情况，然后请大家讨论帮助她的办法。"

"好！我们也来参加。"

出乎意料，这个队员间平时并不怎么互相关心的小队，在讨论帮助陆幼珍的问题时，非常积极。当张元元报告完毕时，孩子们都抢着发言，气氛十分热烈。

"我住在她家隔壁，到她家去很方便，让我去帮助她好了。"一个队员说。

"我和她平时很说得来，我去吧。"另一个说。

"让我去好啦，我能帮助她补课，还可以帮助她做点家务。"

队员们争抢着领任务，这种对困难同学的热切关心，谁见了都会感动的。刘元璋激动极了！队员们心中确实蕴藏着友谊的火石，只要我们成年人去擦一下，它就会熊熊燃烧起来。

小队很快做出了决定：从当天开始，由功课好、住得最近的朱珊和林小娥负责去帮助陆幼珍。

"我们一定很好地完成大家交付的任务。"朱珊和林小娥激动地说。荣誉感与责任感在他们身上涌现出来了。

两个孩子没有辜负小队的委托，她们践行了自己在小队会上的诺言。为了正确清楚地给陆幼珍补上落下的功课，上课的时候，她们更加用心地听讲；每天下午放学以后，总是准时地到陆幼珍家去执行任务；每天早晨，把陆幼珍做的作业按时交给老师批改。一天又一天，从不间断。

本来，一个同学的作业做得怎样，是不大有人注意的；可现在，陆幼珍的作业完成得怎样却成了全小队都关心的事儿了。每天早晨，朱珊和林小娥一出现，教室里就会特别热闹，孩子们会自动地围着这两位"特使"，争着问陆幼珍的作业情况和她家里的情况。

一个星期六的上午，段镇回到了团市工委少年部。按照规定，每个蹲点的同志每周回部里一次，都只要向蒋文焕副部长汇报，并听取分析指点。由于肇周路小学成了少年部的重点联系学校，所以部里所有同志都来听汇报，一起讨论研究。

段镇绘声绘色地讲述了张元元小队的故事。少年部一班人都是"少儿队迷"，个个听得入了神，有的张着嘴，有的瞪大眼，有的还屏住了呼吸……

蒋文焕听完，把笔一掷，跳了起来，绕着段镇打量，说："好家伙，阿段，你成精了，这宝贝都让你探出来了！"

段镇摇摇头，谦虚地说："是刘元璋能干，不是我，我不过帮他总结提高一步罢了。"

"罢了？"蒋文焕盯着段镇说，"什么叫'罢了'？你的任务就是推出一个刘元璋，带出一批少儿队教育家！"他转向大家，说道："你们都来讨论一下，从张元元小队的变化发现了什么？"

少年部顿时热闹起来。有的说应当特别重视小队，只有小队建设好了，整个少年儿童队才有坚实的基础；有的说队员的团结是永恒的主题，应当坚持抓好团结友爱的教育；有的说队员做好事可能只有"五分钟"热度，应当想些办法让他们的热情保持下去……

蒋文焕仔细听着，飞快地记着。他坐在少年部办公室的东南角，背后是高高的壁橱，右侧是宽大明亮的窗户。当他停下笔的时候，常常凝神望着窗外那片草坪和高高的广玉兰。

当大家发表完意见之后，蒋文焕指指窗外，缓缓地讲了起来："你们看见那片绿草坪了吗？那一棵棵小草如果孤立起来，能成什么风景？可它们手挽着手，肩并着肩，就构成了人人喜爱的景致，小草的价值就体现了出来。这不就是少年儿童队员与集体的关系吗？同志们，少年儿童队工作者首先要有一颗童心，而童心体现在两个原则上，即一切为儿童幸福着想，一切从儿童实际出发，这也是少年儿童队工作的根本指导思想。"

他站起来，走到段镇身边，拍拍这个小弟弟的肩膀，说："阿段发现的这个小队是一个友爱小队，我们要把这友爱的种子播撒进每个队员的心田，让每一个小队都成为友爱小队。这是少年儿童队建设的百年大计！"

这天晚上，蒋文焕留段镇共进晚餐，与他谈了两件事：第一件是团华东工委将召开少年儿童队工作讲习会，由胡德华、蔡怡曾主持，少年部拟派段镇去做专题报告，介绍一下肇周路小学培养团结友爱集体的经验；第二件是经过组织考察，团市工委拟调李蕙芳来少年部工作。

段镇只感到热血沸腾。

# 5 假想旅行

刘元璋与傅汝贤结婚了。段镇与李蕙芳一起参加了他们的婚礼，并送了一副跳棋作为礼物。

当时的刘元璋已经是一颗冉冉升起的新星。他被评为上海市优秀少年儿童队辅导员，又去北京出席了第二次全国少年儿童工作会议，并被团中央表彰为全国优秀辅导员。后来，他还当选了团中央候补委员。

多年后，谈起这段经历，刘元璋感慨地说："在我走向成功的路上，有蒋文焕的指导，更有段镇的鼎力相助，他是真正的幕后英雄！"

的确如此，20世纪50年代，段镇在全国并不知名，但他与蒋文焕一起推出了刘元璋，并由此开辟了一条辅导员成才之路。

婚后不久，刘元璋又投入了少年儿童队工作。

张元元小队的变化令人欣慰。期中考试后，陆幼珍的成绩是优等，队员们都向她祝贺，段镇、刘元璋和中队辅导员也相当高兴。最让人高兴的，还是通过帮助陆幼珍补课这项活动，这个原来缺少友谊的小队，成了一个令人瞩目的、名副其实的友爱小队了。

为了巩固和发扬他们之间的友谊，并使这种友爱之情扩展到其他小队，中队委员会给予了该小队全体队员在队旗下拍照的荣誉，大队委员会则在六一儿童节的大队会上授予这个小队"友爱小队"的光荣称号。此后，类似"友爱小队"这样有着各种友爱行为的小队，一个又一个地在学校中涌现。

1952年4月底，上海市已经有613所学校建立了少年儿童队队部，队员数已接近10万人。在少年儿童队工作者讲习会上，段镇做了《培养团结友爱集体》的专题报告，这是他第一次做初具学术水平的报告。由于在肇周路小学长期蹲点，积累了丰富的实践经验，又有"一张大楷"和"友爱小队"等典型个案，他的报告大受欢迎。为此，他十分感谢刘元璋。可以说，这是段镇走向少年儿童队研究之路的一个重要起点。

当段镇回到肇周路小学时，刘元璋兴冲冲地拉住他，说："阿段，快来瞧一瞧新鲜事！"

在第五中队的板报栏里，贴出了一张诱人的公告：

亲爱的队员们：

我们中队根据大家的要求，决定搞一次长途旅行，在两个月内要到包头、拉萨、乌鲁木齐、延吉等地方去。在路上，参加旅行的每个小队要写日记，每周要写回信。我们要访问少数民族，了解祖国边疆社会主义建设的新景象。等着同学们的好消息。祝大家一路平安。

中队委员会

段镇瞪大了眼睛，啧啧叹道："天哪！这是孩子们了不起的创造啊，咱俩可一定要跟着去看看！"

"是呀，这孩子的思路一打开，什么都敢想敢做！"刘元璋被队员们的热情深深地感染了，他觉得自己被裹挟在生活的春潮之中，幸福之情难以言说。

"咱们只看不说话，怎么样？"段镇问。

刘元璋点点头："孩子们能行，即使出乱子也没什么大不了。"

第三天下午，风和日丽，在肇周路小学的校门口，第五中队为全体旅行者举行了列队欢送仪式。旅行者的爸爸、妈妈、朋友和解放军叔叔（他们是每个队员特地邀请的）都赶来参加了仪式。

有一名专门请了假前来参加的父母代表，兴奋地致欢送词，这位母亲说："你们就要离开父母出远门了，希望在路上要互相关心、互相照顾，多穿衣服盖好被，吃饭要讲卫生，要时刻记住自己是一名光荣的少儿队队员！还有，要多多写信，免得中队委员会和父母想念。"讲完后，她就把一大沓预先准备好的信封信纸送给了各小队。

在热烈的欢送掌声中，队员们唱起了《旅行去》的告别歌，一个个背起行李包（其实就是书包），兴高采烈地和来宾们、同学们告别。

队鼓响了，队员们一齐开步前进。

"再会啊！""再会！"人们互相招手呼喊着。

许多不知情的低年级小朋友在队伍后面一边追，一边问："喂，你们真的要出远门了吗？"引得队员们都哈哈大笑起来。

"是假想旅行啊！"刘元璋向他们解释说。

"什么是假想旅行呢？"低年级小朋友瞪大了眼睛。这可把刘元璋难住了，这不是一句话两句话就能讲清楚的。他只好简单地回答："是像真的旅行那样去旅行！你们现在也许弄不懂，但过一段时间，你们多到这个中队去了解了解，就会明白的。"孩子们似懂非懂地点着头。

段镇和刘元璋跟随旅行队伍离开学校大门走远了，而老师们、来宾们、低年级的小朋友们还在向他们挥着手。这一天，他俩随着一个小队的孩子们登上了停泊在黄浦江畔的江新轮，这是一艘相当庞大的远洋轮船。

在这里，队员们看到了航海工作人员辛勤劳动的景象，听到了许多过去不知道的海洋知识，了解了小队旅行计划中的第一个停泊地点的详细情况。

当参观活动告一段落的时候，小队长领着大伙站到船头，高喊着：

"开船啦！大家准备好！"于是，所有孩子和辅导员都模仿着掌舵的样子，嘴里发出"呜——呜——"的声音，表示江新轮已经开动了，离岸了。

孩子们都非常认真地做着各种航海的动作。虽然船并没有真的开动，但是每个人的心已经乘风破浪地行驶在海洋中了。

在轮船上活动了一段时间后，队员们回到了学校。从这以后，所有的旅行，便在教室里的一张大地图上进行。

在地图上怎么旅行呢？参加旅行的四个小队各有一面代表自己小队的三角小纸旗，以红、绿、蓝、黄四种颜色互相区别。小队前进到哪里，就把代表本小队颜色的那种纸旗插在地图上的那个地点。大地图上除了插上的小旗以外，还拉上了四条细红线，线上挂上了精致的纸模型，有火车，有轮船，也有飞机，表示旅行者从某地到某地所乘的交通工具。

段镇跟随一个小队去了绮丽多姿的云南，而刘元璋跟随的一个小队，目的地是新疆的乌鲁木齐。孩子们的打算是非常理想化的，按照他们的计划，从上海到连云港的路程乘大轮船，到连云港后改乘火车到兰州，然后在兰州换乘飞机，直飞目的地乌鲁木齐。这样，海陆空的交通工具都体验了！

旅途中的生活非常有趣。孩子们在"火车"上举行了联欢晚会，小队长朗诵小队日记，每个人都表演了自己的特长，如口琴、舞蹈、唱歌等。而刘元璋呢，在大家的要求下，化装成了回家度假的解放军叔叔，不仅讲了战斗英雄的故事，而且唱了军歌《三大纪律八项注意》。到了兰州，小队全体成员下了"火车"，参观了兰州的各种新建设（根据杂志上的介绍，剪贴、摘录，搞了一个小展览）；访问了兰新铁路上的少数民族工人叔叔（一名父亲应小队要求化装的），并且和他拍了一张照片。

一个月过去了，中队委员会发来了电报（其实是发给各小队的一封模拟电报），电报上说：各小队纷纷来信，非常想念其他小队的同学。因此，中队决定举行一次"电视活动"，以便组织各小队的同学们会面。什么是"电视活动"呢？这实际上也是一种想象性活动（当时我国还没有电视），并不是真的通过电视来开会，而是中队借学校礼堂一角，用硬纸板和木料搭了一个大框，当作电视屏幕。各小队根据自己在"旅行"中获得的材料，编成汇报节目，依次在这个"屏幕"中进行汇报。第一小队介绍了建设中的康藏公路，第二小队朗诵了有关玉门油田的诗篇，第三小队化装讲述了包头钢铁基地的建筑规模，第四小队演出了北大荒的新气象。从"电视活动"中可以看出，孩子们幻想的领域非常广阔，假想旅行给他们带来了广博的知识。

以后的日子里，孩子们的情绪更加热烈高涨了，他们饶有兴趣地继续开展着各项想象性活动，看了许多课外书和杂志。有的把搜集到的几十首民歌装订成册，有的把每到一地拍的照片（其实是自己画的）编成照片集，有的则把收集到的各种资料、图画、照片，以及队员们写的短文编成了一本厚厚的书。而轮流书写的小队日记则十分生动地反映了孩子们的巨大收获和他们的愉快情绪。第二小队日记的最后三页这样写道：

乌鲁木齐的民族多极啦！有维吾尔族、哈萨克族、蒙古族、回族……大家很团结，很友爱！他们和这里的风景一样美丽。离乌鲁木齐不远的南山，有茂密的森林、广阔的草原。东面的高峰终年闪耀着迷人的光芒。乌鲁木齐的变化大极啦，在宽阔的马路两边，出现了许多高楼大厦，还有宏伟的工厂和美妙的电影院，而以前这里是没有这些建筑的呀！将来，新的铁路线还要通过这儿，到那时候，这儿的变化将会更大哩！

我们都热爱这个城市，可是时间不允许我们再在这儿逗留了。怎么办呢？我们决定邀请几名维吾尔族的小朋友来上海做客，他们已经答应了！一共四个人，两个男的，两个女的。好消息，真是好消息呀！

日记写得很质朴，却真实地展现了孩子们的满腔热情。祖国日新月异的建设成果，兄弟民族之间的亲密团结，同学之间的友谊和热情，激励了孩子们，让他们的胸襟更加开阔，对未来的憧憬更加美好。

假想旅行活动的结束时间也是在一个下午，和出发旅行那天一样，天气特别晴朗。在列队欢迎仪式上，中队委员会的代表宣读了"在路上"（实际上就是在日常学习生活中）关心同学、勇于克服困难的优秀队员名单。小队长们把收集来的民歌材料以及带回来的各地土特产（自己做的模型和买来的实物），如哈密瓜、葡萄干和矿石标本等赠送给了中队。接着，一个盛大的、以"远方来的朋友"为主题的联欢会开始了。参加联欢的有许多穿戴着少数民族服饰的小朋友，包括蒙古族、藏族、维吾尔族、朝鲜族、回族等。他们用民歌赞颂了边疆与草原，用舞蹈表达了兄弟民族的团结和欢乐，用朗诵叙述了蓬勃发展着的祖国的面貌。穿戴着多彩服饰的孩子们唱着跳着，全中队都沉浸在友爱的欢乐中。

在段镇的建议下，第五中队的任课教师召开了座谈会，听取大家对假想旅行活动的感受。许多教师都兴奋不已，称赞学生们的学习积极性一天天高涨，而且开阔了眼界，丰富了知识，还增加了不少新词汇。

中队辅导员也止不住喜悦，说："最开心的莫过于孩子们了。他们说，他们喜欢这样有趣的活动，这才是他们自己的活动呢！"

回到大队部时，段镇与正忙于查资料的刘元璋聊起教师们的反馈，刘元璋眯眯一笑，说："孩子会玩哪，他们的假想旅行比我的蜜月旅行还来劲呢！"

说罢，他用笔指指老朋友，说："阿段，看你结婚怎么创新吧！"

段镇哈哈大笑起来，回道："向孩子们学习！"

# 6

## 红领巾之家

每个人的幸福都源于恰当的选择，而段镇一生的幸福呢？或许可以说源于两大选择：第一是选择了少先队，第二是选择了李蕙芳。李蕙芳不仅仅将终身之爱给了段镇，更为其少先队事业提供了无法计算的保障和支持。

自从调到团市工委工作之后，李蕙芳不再穿花旗袍，也不穿呢子大衣，而是与其他女干部一样，穿起了灰色或蓝色的列宁装。

在散步的时候，他们也常常讨论理想与现实问题，交流读书心得。一次，段镇问李蕙芳："你看第几遍《钢铁是怎样炼成的》啦？"

"什么意思？"李蕙芳警觉起来。

"不不不！"段镇唯恐她误会，连连摆手，"我是说我们要反复体会保尔·柯察金那种精神。你能背下他那段名言吗？"

李蕙芳放心了，流利地背诵起来："人最宝贵的是生命。生命每个人只有一次。人的一生应当这样度过：回首往事，他不因虚度年华而悔恨，也不因碌碌无为而羞愧；临死的时候，他能够说：'我的整个生命和全部精力，都献给了世界上最壮丽的事业——为解放全人类而斗争。'"

一字不差地背完，李蕙芳盼着一通赞美，却没听见一句话。她刚要抱怨，竟发现段镇眼中闪动着晶莹的泪花，忙问："你怎么啦？"

段镇轻声回答:"这才是真正的人哪!我听你背诵的时候,想起了我入党宣誓唱的《国际歌》。我是中国人,保尔是苏联人,我们遥隔万里,素不相识,却是一个目标一个心愿:为解放全人类而斗争!"

李蕙芳安慰着段镇:"你已尽了自己的力量,还是个超级工作狂!"

段镇攥紧了她的手,说:"从教育的意义上讲,相当多的孩子和大人还没有解放,少儿队应当成为解放少年儿童的组织!"

"段镇!"李蕙芳见四周没人,提高了声音焦急地喊道,"你怎么有这种怪想法?要受批评的!"

"这是事实,也是真理!"

段镇以固执闻名。他拍拍女朋友的肩,轻声哼起了《国际歌》:

> 起来,饥寒交迫的奴隶
> 起来,全世界受苦的人
> 满腔的热血已经沸腾
> 要为真理而斗争
> …………

就这样,每次与段镇约会,李蕙芳都有上课的感觉。段镇似乎有一个周密的计划,从历史到现实,从教育思想到教育实践,从肇周路小学到尚文小学,逐一为李蕙芳剖析,和她讨论。

"段镇,我该叫你老师了吧?"李蕙芳解嘲地问。

段镇笑笑,回道:"岂止叫老师,还得交学费呢!"

1953年春天,这对相恋三年的少年儿童队工作者结婚了。婚礼在上海青联小礼堂举行,蒋文焕自告奋勇当了证婚人。

一周前,依照正式求婚的习俗,段镇去了女朋友家,向未来的岳父岳母表达了娶李蕙芳的意愿,并表示一周后结婚。

"什么？七天？"未来的岳父岳母大惊失色，语无伦次地叫了起来，"女儿出嫁，一周时间？你们住哪里？有家具吗？你们怎么吃饭？我女儿她喜欢……"

段镇反倒从容镇定，说："你们都放心吧，我是国家的人，享受供给制，一切都由组织上安排了。"

自上海解放至结婚，段镇每月只有3.5元的零花钱，穿衣吃饭全靠国家供应。李蕙芳也主动放弃工资制，改为供给制，每月由原来的82元工资改为8元零花钱。从此，这对年轻人一起过上了艰苦朴素的生活。

段镇真的向孩子们学习了，把婚礼变成了一场高潮迭起的舞会，成了许多辅导员快乐的节日。新婚夫妇只买了十斤花生米、十斤瓜子和一斤茶叶，招待客人们。刘元璋夫妇当然是重要嘉宾，他们送了游戏盘玩具作为礼物。

一对新人，两家父母，全都出席了婚礼。

婚后，这对小夫妻住进了陕西北路128号的团市工委宿舍，一间七八平方米的小房子。家具极简单，团市工委给了一张旧写字台和一把旧的靠背椅子；床是从舅舅处借来的，用油漆刷新了；一只旧火油炉子，是段家送来的；小两口只添了一口烧饭锅和两个大碗、两个小碗。书无处放，幸亏吴芸红送来一个玻璃橱，便当了书柜。

虽是富家女儿，但李蕙芳并无怨言。走进这间斗室，她感到幸福，感到充实，甚至感到成功。与段镇在一起生活，一切都充满了朝气与希望，整个身心都在光明中飞翔。

一年前，李蕙芳已调入团市工委少年部，如今又被派往江宁区（今属静安区）担任团区委少年部部长。与丈夫一样，李蕙芳也越来越投入工作。新婚之夜，客人们还在喝酒，她倒先起身告辞，要回区里开会。

母亲生气了，说："蕙芳，今天是你结婚的日子，又是星期天，怎么能撇下丈夫和客人呢？"

段镇却笑着扶岳母坐下，说："蕙芳有工作，我支持!"

新婚之夜，新郎独守洞房，等到深夜10点，新娘才回来。

第二天，这对新人像往常一样投入了紧张的工作。

几个月后，李蕙芳怀孕了。一天晚上，段镇回家，发现多了一套高级家具和一箱子金边碗，原来是岳父送来的。岳父留了一张字条："段镇我婿，这是我卖掉藏书买的，请收下。"段镇皱起了眉头：这是资本家才使用的家具，我怎么能用呢？李蕙芳也不知所措。

在一次党的小组生活会上，段镇主动谈了这件事情，并表示了与资产阶级划清界限的决心。

谁知，党小组组长吴芸红笑眯眯地说："阿段，划清思想界限是必要的，但也不必太机械。家具何罪？可以用嘛。"

吴芸红的话语轻轻的，却给了段镇深深的震撼。

短短一年多的时间，因为团市工委用房需要，段镇搬了两次家，先是搬到陕西南路5号，1954年又迁去了长宁区的天山二村48号楼，此后一直住在那里。

值得一提的是，天山二村48号那座四层的普通宿舍楼，不仅是段镇60年的生活之所和研究之所，也成为一个极不寻常的红领巾之家。说是红领巾之家，是因为来这里的除少年儿童队工作者外，还有许多少年儿童队员。房子虽然很小，却成了红领巾乐园，还举办过夏令营呢。

新辅导员倪谷音是段家的常客。

倪谷音是无锡人，从小酷爱读书，在无锡中学读书时已经小有名气，1949年随父母来到上海。为了减轻父母的经济负担，作为长女，她考入了陈鹤琴先生创办的上海市第一师范学校。1952年毕业时，因成绩优异而留在一师附小，她坚决要求当少年儿童队辅导员。

当时，段镇在团市工委兼任青教科科长，常去一师附小。他清楚地记得，刚来报到的倪谷音仍穿着师范生的校服——白衬衫、深蓝背带裙，两只小辫子一跳一跳，朝气蓬勃。

可是，当倪谷音戴上红领巾，面对生龙活虎的广大少年儿童队员时，又常常无计可施，急得直哭。于是，她主动拜段镇为师，每周六下班都到段家来求教，并与段家人共进晚餐。就像家里添了一口人一样，段镇的母亲每逢周六的晚上便多做一个人的饭菜，多预备一套碗筷。

一个又一个夜晚，段镇结合亲身实践，与倪谷音讨论《教育学》，讨论列宁夫人，讨论少年儿童队中的各种矛盾。倪谷音与陈鹤琴的大儿子陈一鸣非常熟悉，获赠了许多陈鹤琴的著作，这些自然也成为她与段镇讨论的重点之一。

倪谷音的勤奋好学与执着，极受段镇赏识。他隐隐地预感到，如果培养得法，倪谷音有可能成为继刘元璋之后的又一颗少年儿童队工作的明星。

1953年8月，为了更确切地反映中国少年儿童队的性质、任务和满足少年儿童们的愿望，"中国少年儿童队"改名为"中国少年先锋队"，简称"少先队"。

# 7

# 一个小队的决议

尽管忙得不亦乐乎，但几天没去肇周路小学，段镇还是感到心里空落落的。那儿真是宝山珠海，一去就令人着迷。

这天下午，段镇刚刚走进校园，就发现六（乙）中队热闹非凡，班门口停着一辆蓝色的四轮推车。他摸着几个队员的脑袋，好奇地问："你们这是干什么呀？"

队员们见是大朋友段镇，争先恐后地嚷了起来："这是方基同学设计的流动图书车！"

"里弄里有些小伙伴上不了学，我们准备送书给他们看！"

"这车是我们大家共同造出来的！"

…………

段镇伸出大拇指，连连赞道："了不起！了不起！你们都是创造大王，都是爱心天使！"

回到大队部，他向刘元璋进一步了解了这项活动的来龙去脉，突发灵感，说："全国的失学儿童很多，如果在校的队员们都捐书给他们看，既可传播文明，又可培养爱心，岂不是一举两得吗？"

"对呀！"刘元璋也来劲了，说，"马上向全大队推广六（乙）中队的经验！"

"不，向全区、全市推广！"段镇一挥拳头，当即做出了决定，因为他相信，蒋文焕一定会支持他的想法。

一花引来万花开。

果然，其他中队听说六（乙）中队的活动之后，很快便行动起来，一下子造出十多辆流动图书车。其他学校的少先队也闻风而动，纷纷造出了各自的流动图书车。于是，一个全区红领巾流动图书车行动开始了。

那是一个晴朗的下午，各校大队部在同一时间，各自举行"为失学小伙伴送好书"活动出发仪式。

当锣鼓响起时，一辆辆五颜六色的流动图书车，在少先队员们的簇拥之下，向一个又一个里弄行进。

段镇和刘元璋跟随六（乙）中队的"第一号流动图书车"前进。在刚才的出发仪式上，该车的设计者方基被推选为剪彩人。此刻，他推着四轮车，向自己熟悉的失学伙伴走去。

车子一进里弄，立刻被孩子们围得里三层外三层。

"给我一本！"

"借给我一本！"

孩子们的小手伸向流动图书车，他们喊着、跳着，整个里弄响彻欢呼声，连一些成年人也被吸引围了上去。

"这些孩子真好！"成年人在议论着。哪一个少先队员听到这种表扬会不高兴呢？

刘元璋轻轻地对方基说："怎么样？高兴吗？"

"高兴！"他笑着回答。从他的眼睛里，刘元璋发现他好像有许多话要马上说。可就在这时候，一群小朋友把他围住了。

"方基阿哥，谢谢你！"

"方基阿哥，希望你们能常常把图书车开到里弄里来！"

红领巾流动图书车行动刚刚结束，段镇将一个喜讯告知了刘元璋。他乐滋滋地说："元璋，祝贺你，可以开开洋荤了！"

"洋荤？"刘元璋一时摸不着头脑，"什么意思？"

"团中央要组织中国少先队代表团去苏联访问，特选派你去担任出国队员的辅导员。"段镇郑重地说。

"天哪！这是真的？"刘元璋惊叫起来。那是1954年，有几个中国人有机会出国访问？

"当然是真的喽！"段镇拍拍老朋友的肩膀，说，"任务光荣而艰巨，你还要马上去北京接受三个月的培训，赶快准备一下吧。"

"可是，学校少先队这么多事，又没有任命其他辅导员……"刘元璋细想了一下，有些不放心。

段镇笑了起来，说："相信队员们吧，他们有自动化精神！再说，还有我这个'第二辅导员'嘛。"

两个老朋友的手紧紧地握在了一起。

刘元璋走后，段镇更忙了，但他与孩子们的接触更多了。

一天，第九中队举行兴趣测验。段镇闻讯赶来了，因为他想知道孩子们有哪些兴趣。

主持人提出第一个问题："你最近在想什么？"教室里顿时热闹起来。有的说："我在想人能不能长出翅膀，可以像鸟一样飞来飞去。"有的说："我想发明一个宝贝，可以替我写作业，还能陪我玩。"还有的说："我在想我能不能当上小队长。"

这时，鲍忠业同学的回答出乎大家的意料。他说："我在想用什么办法使自己赶快长得高些、大些，还想快一点毕业！"

大家都感到奇怪，第一小队的小队长问他为什么这样想。鲍忠业兴奋地告诉大家，他喜欢听抗美援朝的战斗故事，决心长大后做一个驾驶战斗机的飞行员，保卫美丽的祖国。

他正讲得高兴的时候，小队长却向他提出了一个问题："想当飞行员是好事呀，可是为什么你不想把算术学好呢？"

"算术？"鲍忠业皱起了眉头，"看到这门功课我头就发昏，有时间不如多运动运动，把身体锻炼好呢。"

鲍忠业是小队里对算术课不太用心、算术成绩较差的同学。这一天，他又公开表示不想学好算术。

忽然，汪孝男叫了起来："难道飞行员和算术没有关系吗？驾驶战斗机，要是计算不准确，不是要和高山'碰鼻子'吗？"

中队的兴趣测验结束时，段镇表扬了那位小队长，夸他把理想与现实结合起来，说"脚踏实地才能实现理想"，建议他们好好讨论。

小队长马上找鲍忠业讨论飞行员和算术的关系。鲍忠业沉默了。他明白了不学好算术，就不能当飞行员。于是，他正式向小队长表示要把算术学好，可是他没有信心，请小队长帮助他。

第二天一早，第一小队的队员们举行了小队会，讨论怎样帮助鲍忠业。

大家都热烈地发言，一致认为：飞行员不但要有强健的体魄，更需要有丰富的知识，要保卫祖国，就一定要好好学习。他们有的介绍了自己的学习经验，有的鼓励鲍忠业树立信心。最后，小队做出了这样的决议：第一，鲍忠业要准时参加自修课上的学习小组，不再迟到；第二，上课要专心，不懂要多问，做习题要多想、仔细做，不抄别人的作业；第三，小队全体队员要关心他，并专门派张湘青、何关林帮助他学习；第四，下一次小队会上要张湘青、何关林和鲍忠业报告执行情况。

从这一天起，大家都关心起鲍忠业来了。上课互动的时候，坐在他旁边的张湘青常问他："懂了吗？不懂就问哪！"做习题的时候，张湘青又告诉他："先好好看一遍题目，仔细想一想，做好以后，再仔细看一遍。"下课的时候，何关林常常问他："题目做得出吗？"遇到他不会的时候，就一起留在教室里研究。每次考试卷子发下来，大家都跑到鲍忠业的座位旁来问："对了几题？""这次你得了几分？"

鲍忠业自己也努力起来了。早上6点钟醒来，一想起小队的决议，就飞快地起床，再也不慢腾腾了。上课的时候，鲍忠业变为发问最起劲的一个。回家以后，他总是拿出算术书来研究，把功课做完了再玩。有几次星期天，他也不顾路远，拿了算术书到学校里找老师请教，老师们都说："星期天有学生来问功课，真是从来没有见过的事啊！"

奇迹出现了！一向算术成绩不及格的鲍忠业，不但达到了及格线，而且还对数学产生了浓厚兴趣，变"要我学"为"我要学"，成绩稳定在优良水平。

敏锐的段镇自始至终关注着鲍忠业的变化。他在思考一个问题：既然学习是学生的主要任务，少先队在帮助队员学习方面可以发挥什么作用呢？陈鹤琴的"活教育"原则中，有"儿童教儿童""分组学习，共同研究"等内容，鲍忠业的进步不正印证了这一点吗？而且，小队是自动化的，不用命令和检查，他们会自动采取有效措施帮助队员进步。

又是一个不眠之夜，经过深思熟虑，段镇写出了《一个小队的决议》。该文发表在《解放日报》上，又被《中国少年报》在头版头条转载。这篇语言朴实而生动有趣的短文，引起了全国少先队界的浓厚兴趣，许多人从此记住了"段镇"这个名字。

# 8
## 创造性游戏节

平安的代价有时是平庸，而追求卓越的代价有时是风险。

在肇周路小学蹲点的段镇，开始了上海市第四届少先队夏令营的筹备工作。

在新中国成立初期，夏令营的意义非同寻常，它具体地展示了少先队的教育思想与方法。早在1951年8月，团市工委与市教育局就联合举办了上海市第一届少年儿童队夏令营，为期半个月，190名队员参加。段镇协助营主任蒋文焕组织夏令营，留下了难以忘怀的印象。他们开展了营火会、露营、天文晚会、军民联欢会、与农民联欢会以及行军、看日出、做早操、游泳等活动。此外，根据少年儿童的兴趣，组成文学、历史、地理、物理、生物、美术等兴趣小组，每天活动一个半小时。这样的夏令营实际上也培训了少儿队活动的骨干，有效地推进了工作。

从1952年起，蒋文焕将筹办夏令营的工作交给了段镇。1954年夏天，蒋文焕带领一批少先队员，去青岛参加少先队国际夏令营。这样，段镇不得不独立承担起这一重任。

前一天晚上，当倪谷音照例来访的时候，段镇谈起了这次夏令营的构想。他说："孩子的活动应当由孩子去创造，这是少先队的基本原则。可是，许多成年人总习惯于自己设计活动，然后让孩子去表演，这是愚弄孩子，不是尊重孩子！"

倪谷音像小学生一样，把段镇的话记在小本子上，这已经成为习惯。她说："十年前，陈鹤琴先生就把'创造'列为教育的重要目标。他认为，教育的目标在于教学生'做人，做中国人，做现代中国人'。他说，做一个现代的中国人，必须具有'创造的思想'。"

"讲得好！"段镇兴奋地站了起来，在屋子里走来走去，又突然站住，说，"这次夏令营的主题就是创造！请你这个陈鹤琴的弟子来担任总辅导员。"

"我？这怎么行？"倪谷音慌了，一副不知所措的样子。

这时，怀孕后身子已经很沉重的李蕙芳笑了，说："倪老师，你行的，段镇看准的人没错，只是会很辛苦。"

李蕙芳担任过前几届夏令营的秘书长，协助段镇组织了大量活动，对办夏令营深有感触。

倪谷音犹豫地说："吃苦我倒不怕，就怕当不好段老师的助手，三四百人的特大夏令营呀！"

"怕什么？勇敢地去创造嘛！有事我顶着，你大胆干吧！"26岁的段镇鼓励着21岁的倪谷音。

夏令营的方案产生了。一切都在紧张筹备之中。

一天早晨，段镇急匆匆地出门，妻子突然叫了起来："段镇，我要生了，快送我去医院！快呀！"

段镇听得出来妻子有气无力，却因有紧急工作难以脱身，只好安慰说："蕙芳，别慌啊，我一时走不开，一会儿让少年部的陈老师先陪你去吧，好吗？"

妻子理解丈夫，忍着腹痛，顺从了。

新婚之夜，小两口曾设想过要几个孩子。段镇深受苏联教育家马卡连柯的影响，唯恐独生子女难教育，主张生三个孩子。妻子温柔地点点头，又问三个孩子长大都干什么。段镇说，一个当医生，一个搞艺术，一个搞技术。

不幸的是，他们的第一个儿子，出生才两个多月，竟被粗心的保姆睡觉时压死了。段镇强忍着悲痛，安慰险些崩溃的妻子，才渡过了新婚后的第一个危机。

在后来的生活中，李蕙芳又生了三个孩子。女儿段维辛，1954年出生，成长为一名医生；二儿子段大为，1957年出生，有绘画的才能，是名包装美术设计师；三儿子段大进，1958年出生，在企业任电气工程师，后成为厂长。可谓好梦成真。

可是，李蕙芳承受的痛苦是常人难以想象的。生头一个孩子时是冬天，胎位不正，很危险。可李蕙芳哪有经验，她只想着"要坚强"，要向保尔·柯察金和吴运铎学习，便拼命忍着一声不吭。结果，医生说耽误了最佳调整和接生的机会，只好采取特殊措施，接生后缝了23针！那一次，段镇不但没陪在妻子身边，还因为孩子夜里哭叫，干脆住到了蒋文焕家里，没日没夜地工作去了。

妻子病在床上，丈夫却不能守护在身边。段镇叹了一口气，可想想几百个孩子马上就要来了，他这个营主任怎么能离开？

7月30日，盛大的夏令营在上海郊外的一所学校开营了！几百名少先队员组成了一个大队和八个中队，并民主选举出了各自的队干部。每天清晨，当军号声响起，各中队迅速集合起来，开始清点人数，出操跑步。

让队员们永远忘不了的，是开营式当晚的夜间擒敌。午夜时分，军号骤响，队员们摸着黑穿衣打背包，来操场紧急集合。

大队长赵亮表情严肃，大声说："据刚刚获得的情报，附近出现了一股'特务'，正准备袭击我们营地。我们立即转移，并做好以中队为单位活捉敌人的准备。现在出发！"

那是一个月黑风高的午夜，伸手不见五指，又不许开手电，有些胆小的队员吓得呜呜哭了起来，哭得全身发抖。但是，他们很快被队干部劝住了。队员们冲出营地，又蹚过小河，进入一片茂密的树林。

砰！砰！砰！树林里突然传来骇人的枪声和急匆匆的脚步响。几个队员吓得面无血色，掉头拼命逃跑，而大部分队员冲了上去，以中队为战斗单位包围敌人，并展开搏斗。

一会儿，枪声消失了，四处响起了队员们自豪的报捷声：

"我们捉住一个'狗特务'！"

"我们捉住两个！"

"我们缴获一支'手枪'！"

"我们搜出一部'电台'！"

…………

新中国成立初期，特务经常搞破坏活动，所以反特是重要任务，而反特类军事游戏极大地刺激了爱冒险的孩子们。这次，他们雄赳赳、气昂昂地凯旋。

当队员们把"特务"押到大队长和营主任面前时，段镇递给他们一只特大号手电，说："来吧，认识一下这些'狗特务'。"

队员们拿手电一照，发现都是辅导员老师装扮的，惊叫起来，继而哈哈大笑。那几个逃跑的队员也赶紧溜回了队伍。

第二天出早操之后，段镇表扬了大队长赵亮。队员们这才恍然大悟，昨天晚上的军事行动是赵亮设计出来的。

段镇笑容满面地说："赵亮同学不愧是大队长，他的设计说明了什么呢？说明了少先队员能当少先队的主人，因为少先队员敢于创造，善于创造！从现在开始，夏令营开始人人都来创造的生活，大队辅导员是你们的创造辅导员！"

在一片热烈的掌声中，倪谷音介绍了什么是创造精神及创造的原则与方法。她的嗓门很大，不用扩音器，每个队员也听得清清楚楚，她说道：

"创造、发明都需要从发现问题、提出问题开始。譬如，牛顿为什么发现了万有引力呢？他从树上的苹果都往地下落这个现象出发，提出：'为什么苹果不往天上去？'从这个问题引发思考和探索，才有了伟大的发现。

"创造精神一般具有八个特征：面向未来、勇于改革、独立自主、善同求异、爱好探索、讲求实际、敢想敢做、争先敢超……"

后来，段镇和倪谷音合写了长篇论文《论创造精神的培养》，详细论述了培养创造精神的重要意义及方法。倪谷音讲的这些内容，正是与段镇先期讨论的结果，他们将夏令营变成了创造的实验场。

孩子们的创造力是惊人的。

队员们自行设计和组织了纳凉晚会、瓜果晚会和化装舞会之外，还主动设计了许多富有特色的活动。

第一中队对探矿事业很有兴趣，发明了一个幻想游戏——坐着飞机去探矿。在营地门口，他们挂起了一张美丽的招贴画，召唤队员们踊跃参加探矿队，为祖国寻找地下宝藏。你要是愿意参加探矿队，首先得经过"体格检查"，即能在垫子上用正确的姿势连续做两个前滚翻而不头晕。该上"飞机"了，你面前有一条长凳，它代表"高空"，你要两手侧平举在上面走过去。接着，"飞机"来到了"群山地带"，这里有一条比脚稍宽的小道，象征着正确的"航道"，两旁的皮球、瓶子、圆棍代表高低不平的山岭。你的"飞机"（两手侧平举）要小心地在"航道"上飞行，不能撞到"山"上去。遇到雷电了，"飞机"只能从安全地带通过，这里放着几块木头，木头与木头之间相隔一步左右，离开了安全地带就会触电。最后，"飞机"到达了矿区，你要用"爆炸"的方法来探矿。大沙盘代表"矿区"，里面插着十多根头朝上的火柴，代表规定的爆炸点，你要擦一根火柴，把十多个爆炸点都"炸掉"就算完成任务了。

第二中队喜欢学习，创设了"语文剧场"，并构想了"到标点符号家去访问"等有趣的节目。一个小朋友来到了标点符号家，受到一家人的热烈欢迎，可他们内部吵闹不休。你瞧，感叹号拄着拐杖，小问号张大耳朵，调皮的小逗号急得蹦蹦跳跳。感叹号说话像敲铜鼓："伙伴们，我的感情最强烈，文章里谁也没有我重要！"小问号不服气："哼，要是没有我来发问，怎么引起读者思考？"逗号、顿号一起反驳："要是我们不把句子点开，文章就会像一根长长的面条。"水平最高的要数句号了，他留在后面做总结报告："只有我才是文章的主角。没有我，话就说得没完了。"大家争得不可开交，字典公公跑出来发表意见，叫他们不要片面强调个人作用，任何时候都不要骄傲……有个队员惊喜地说："过去我总搞不清标点符号的区别，需要反复背多遍；少先队搞的活动把知识变活了，我只看了一遍，就记得清清楚楚。"

第三中队喜欢舞蹈，他们开展了集体舞创作比赛。队员们非常高兴，个个不甘示弱。可是中队的辅导员一听说搞集体舞创作比赛就犯愁，自己平时不爱文娱，不善歌舞，只能对队员们说，辅导员帮不了你们的忙，一切都得靠你们自己来创作和组织。这反倒激励了孩子们，他们更加大胆，更敢创造。队员们决定创作高山族的舞蹈，纷纷设计动作，选择音乐，编排队形。能者为师，把全中队的人都教会了。他们还认真地考虑服装，在化妆上动了一番脑筋。表演时大家穿上洁白的衬衫，领口上佩戴彩色的领结，手腕上饰有别致的彩色腕花，伴着优美的乐曲，他们好像一群美丽的彩蝶，最后在夏令营文艺演出中获得了一等奖。

第四中队喜欢唱歌，他们开展了以"彩色的四季"为主题的歌咏活动，还为春、夏、秋、冬四季歌配上了非常美的朗诵词：

春天来啦
我们唱起绿色的歌
夏天来啦

我们唱起红色的歌

秋天来啦

我们唱起金色的歌

冬天来啦

我们唱起银色的歌

绿色的歌唱得百花开

红色的歌唱得飞鸟来

金色的歌唱得大丰收

银色的歌唱得雪皑皑

…………

段镇和倪谷音逐个对中队进行巡视指导，却发现孩子们有时比自己还高明，队里有太多的"智多星"和"小巧手"了，活动真是丰富多彩。

"我想，闭营式也来一个创造，改成'创造性游戏节'如何？"段镇来了灵感，兴冲冲地问倪谷音。

倪谷音眉飞色舞地说："孩子们最喜欢过节了！又是游戏节，他们非乐疯了不可，这对创造力的培养是一个有力的推动！"

这次夏令营结束后，倪谷音返回一师附小，便经常开展创造性活动。

1954年11月26日，当段镇全身心忙于少先队工作的时候，他的女儿在医院里出生了。

李蕙芳回忆：

新出生的女儿脸蛋圆圆的，胖乎乎的，白里透红，我是多么喜悦和欣慰。可是，出院后，孩子开始拉肚子，奶越吃越少，人一天比一天瘦。到出世的第八天，女儿连哭的力气也没有了，哭声比小猫叫还低，鼻子翕动，似乎呼吸也有些困难。

望着衰弱不堪的女儿，我焦急万分，只好托人叫丈夫回来。他夜里才匆匆赶回，与母亲一同抱女儿去医院。一直到第二天上午10点，祖孙三人都未归，而且一点消息没有。我急得如热锅上的蚂蚁，又托楼下的邻居打电话询问。原来，孩子病危，切开静脉输液，放在暖箱里抢救。母亲陪在医院不能离开，段镇却丢下孩子和我不管，只管他的工作去了。这次，我真的很生气！

为了工作，段镇无法陪孩子，也不能来照顾我。不巧，我的小妹妹出麻疹，我母亲也抽不出身来照顾我，只能烧些菜送来。我这个未出月子的产妇，怎么生活呢？我只好搬到团市工委附近的一间小屋去住，请少年部的同事到食堂里买些饭菜来给我吃，靠大家的帮助度过了这难熬的十天，女儿脱离危险才回到自己的家。

当段镇拖着疲倦的身躯回家时，女儿已经出生20多天了。

以创造为主题的夏令营，引起了强烈却又多样的反响。有人说是个突破，应当提倡，也有些人说"太野了，不像少先队的样子"。

年轻的段镇陷入了困惑之中。

1955年3月，他与蒋文焕部长再次来到北京，出席第三次全国少年儿童工作会议。

在会议期间，段镇聆听了团中央领导的讲话。当时的团中央书记胡耀邦在题为《把少年儿童带领得更加勇敢活泼些》的讲话中强调，少年儿童"应该是朝气蓬勃，不怕困难，乐观而富有创造性的人"，"注意培养儿童开朗、勇敢、活泼的性格是一件十分重要的事情"。

段镇变得更加坚定起来，认为应该解放孩子，让孩子自由奔放地发展，成为真正的主人。

这年秋天，团中央和教育部发布《关于支持全国少年儿童开展"小五年计划"活动的联合指示》，提出活动内容可以有以下六项：栽培植物、饲养动物、帮助农业生产合作社和家庭做事、帮助学校制作简单的教学实验用品、绿化环境绿化学校、做"小先生"。

在中国福利会少年宫举办的上海市少年园艺家丰收展览会上，约400名少年儿童代表，一致通过上海中学米丘林能手小组的建议：号召全市少年儿童把亲手种植的收获物，特别是葵花子、蓖麻子和大豆，自动地献给国家。

当时的段镇已经担任了团市工委少年部副部长，并开始在一师附小蹲点抓创造教育，一个雄心勃勃的计划在他的头脑中萌发。

与段镇一直拼搏在一线不同，刘元璋患了胸膜炎，住了长达八个月的医院，心情渐渐苦闷起来。1955年9月，他出席了团中央召开的全国青年社会主义建设积极分子大会，受到毛泽东等中央领导人的接见。他本该大干一场，却躺在了病床上。

这时，蒋文焕来看他，见他苦闷之中不知所措，便建议他写一本有关少先队的书。

刘元璋愣住了，问："我？能写书吗？"

"怎么不能？就把你做的事情，把那些耐人寻味的故事，一个个写出来，肯定是一本好书！"

"我可以试试。"

在蒋文焕的鼓励与建议之下，躺在病床上的刘元璋陆陆续续写出了20多个故事。1957年12月，全国少先队辅导员写的第一本书《辅导员和孩子们》问世了，成为当年少先队界的一大新闻。

段镇虽有更多的故事，可他没有时间写书，也许更主要的原因是没有写书的意识，他几乎把全部精力投入了实践之中。

# 9 在长兴岛

1959年，忠诚的党员、全身心投入少年儿童教育事业的段镇，因为倡导"自下而上的自我教育"等教育观点，被打成"右派"，发配至梅陇乡劳动改造。

李蕙芳的压力越来越大了。

且不说自家三个孩子年幼，老大辛辛（段维辛）5岁，老二平平（段大为）1岁多，老三大进（段大进）才7个月，又要赡养无工作的公公婆婆，还要抚养丈夫的两个妹妹（一个13岁，一个11岁）。另外，寄居在段家的一个小弟弟尚在读书，也需要适当照料。这样一算，平均每人每月的生活费仅10元多一点，这日子怎么过呢？况且，还有自己的父母呢。

妻子愁眉苦脸。

丈夫沉默不语。

七尺男儿，顶天立地，闹了十多年革命，闹到这个地步，连一家人都难以养活，还有什么可说呢？

"咱们离……离婚吧。"半夜里，段镇噙着泪水，缓缓地抬起头，对妻子说，"太拖累你了，政治上、生活上都连累你。蕙芳，你走吧，一切灾难让我段镇一个人扛！"

"你……" 妻子什么话也说不出来。

当初，父母再三警告过她，就算段镇这个人再好，凭他的条件也难让她过上好日子。李蕙芳为了爱情，义无反顾地进了段家的门，转眼已是五载，什么苦都不怕了。可今天，丈夫却说出了分手的话。

段镇继续劝道："谁知道这'右派'当多久？没准是一辈子呢，你干吗跟我受罪？反正我也过惯了苦日子，熬着呗。"

见妻子不语，他又说："就算为了孩子，咱们也该离婚……"

"别说了，我根本不想听到这些话，我决不离婚！"李蕙芳斩钉截铁地说，"你是真止的共产党员，我绝对不相信你会反党，总有一天会重见光明！"

她见丈夫还在忧虑中，说："我会过苦日子，会操持这个家，你就放心去梅陇吧。"

虽然千辛万苦，但李蕙芳说到做到，日子一天接一天地过着，安稳的家庭给予段镇极大的安慰。

"文化大革命"期间，段镇被发配到居于长江之中的长兴岛。好多人担心，他会遭到更大的惩罚，段镇也豁出去了。结果，他还是住农民家，并当了上山下乡干部训练基地的蔬菜生产队队长。

富有浪漫情怀的段镇很快便喜欢上了这个地方：长长的江滩、大片的芦苇、茂密的桑林、清清的小河……

段镇偶尔回家，瞧见自己的儿女们一天天长大了，但随时都有被疯狂的潮流卷走的危险，他感到一阵阵恐慌。不能让天真烂漫的孩子误入歧途！他忧心如焚，决定采取必要的措施。

1967年7月初，学校刚刚放假。一天清晨，他在菜田里捉虫子时，突然萌发了一个念头：这活儿如果交给孩子们来做，他们一定会当成快乐的游戏。而且，这大江，这小河，这桑林，这芦苇，不正是孩子们的天堂吗？

段镇激动起来，马上给妻子打了电话。李蕙芳在蒙古路小学当校长，并坚持钻研美术教育，一听这主意，当即表示赞成。

"可是，他们怎么去呀？我这里一会儿都离不开人。"李蕙芳一时没了主意。

段镇哈哈大笑起来，说："他们不是有腿也有嘴吗？你给他们画张路线图，让他们一路打听找来就行了，少给一点交通费。"

李蕙芳急了，说："这怎么行？丢了怎么办？"

"丢不了！让他们锻炼一下有好处，你就放心吧。"

在段镇的坚持与劝说之下，李蕙芳只好精心绘制了一张十分详细的路线图，又给了辛辛一笔钱，说："全靠你啦，不明白就问，带好两个弟弟，小心坏人！"

辛辛13岁了，自信地说："放心吧，我们的长征一定能顺利到达'陕北延安'，与爸爸胜利会师！"

10岁的平平和9岁的大进都冲妈妈扮了个鬼脸，他们有些按捺不住激动。长这么大，还从未走这么远的路呢。

出门之后，辛辛才发现姐姐不那么好当。她很负责任，要牵着两个弟弟的手，唯恐发生意外。

谁知，平平先挣脱了，还说："不要小姑娘拉手！"

辛辛急了："我是你姐姐！"

大进毫不犹豫地站在哥哥一边，同样坚决地挣脱了姐姐的手。

辛辛眼珠子转了一下，计上心头，说："钱可在我这儿，没有钱不让上船，你们要见爸爸，得紧紧跟着我，不许乱跑！"

"快走吧，真啰唆！"两个弟弟催促着。

姐弟三人从长宁区出发，穿过普陀区，经闸北和虹口两个区，进入上海北部的宝山县（今属宝山区）。一路上，三个人问路问了上百次，攥在手中的路线图被汗打湿，字迹已变得模模糊糊。

长兴岛在滚滚长江水的包围之中。这里是长江流向浩瀚东海的入口，水势汹涌澎湃，江面无比辽阔，以至江天一色。

三个孩子头一回来到这里，他们被长江的奔腾之势震撼了。

辛辛激动地脱口诵道："孤帆远影碧空尽，唯见长江天际流。"

这是妈妈教给辛辛的唐诗名句，被眼前壮景一激，她记起来了，这是李白写的《黄鹤楼送孟浩然之广陵》诗中的两句。

大进不会背诗，他指着一只只飞翔的海鸥，兴奋地叫着："我见到海鸥啦！"

平平觉得姐姐背的诗很是好听，也编了一段顺口溜："大海鸥，飞过头，飞到天边不停留。"

辛辛一愣，问："平平，从哪儿背来的？"

"哼！我自己想出来的，背什么？"平平生平头一回作诗，十分得意。

辛辛怀疑地摇摇头，说："我不信，你会作诗啦？"

平平话音刚落，大进嚷起来了："有什么了不起？我也会作诗！"

说罢，他装模作样地干咳几声，大声朗诵起来："我是一只小海鸥，一飞飞到家门口，爸爸见了眯眯笑，大进大进亲个够。"

辛辛感觉像在梦里，两个弟弟霎时间成了诗人。这时，她听见了渡轮的鸣笛声，大梦惊醒，拉着弟弟们飞奔而去。

乘渡轮过长江的时候，平平和大进乐疯了，蹿上来钻下去，东瞧瞧西望望，害得辛辛到处追赶，谁也不再想什么诗了。

抵达马家港时，三个孩子不约而同地踮起脚尖，四下里张望，盼着久别的爸爸来接他们。可是，等到港口的乘客几乎走光了，也没见到那熟悉的身影。

"走吧，爸爸是锻炼咱们哪。"辛辛知道无指望了，掏出路线图，边看边说。

两个弟弟兴奋之后疲倦了，坐在地上不走了。姐姐也累极了，但她咬着牙，说："天快黑了，不走可有狼。"

"啊！这儿有狼？"弟弟们唰地站起来，快步跟着姐姐走。

按照妈妈画的路线图，三个孩子边走边打听，用了不到一个小时，就找到了上山下乡干部训练基地。段镇收工回来，煮了三根老玉米和一些红薯，又熬了一锅绿豆汤，正等着孩子们。

房东是勤劳、和善的农民，对段镇的为人做事很是敬佩，所以，热情欢迎他的孩子们来家里住，并准备了被褥和伙食。

"爸爸！"

"爸爸！"

"爸爸！"

段镇刚刚走出房门，三个孩子比赛似的冲了过来，一齐抱住了他。一股长江般的热浪席卷了段镇的全身，他摸摸三个孩子汗津津的小脑袋，仔细问明了路途的情况。他满意极了，高兴地说："好样的！传令嘉奖：一等功！"

说罢，他打来水，让孩子们洗脸洗手，又端出老玉米、红薯和绿豆汤。孩子们累极了，也饿极了，一个个狼吞虎咽，吓得段镇直劝他们"慢点慢点，别噎着"。

平平和大进吃完之后，倒头便睡了。辛辛像个班长似的，忍着困意没睡，向爸爸讲了路上一波三折的经历，自然也谈到了两个弟弟的诗。爸爸眼睛一亮，惊讶地说："是吗？好诗呀！"

辛辛疑惑地问："这是他们写的吗？"

段镇笑着回答："可能的。小孩子创造力强嘛，无拘无束，能写出让人惊奇的诗。"

他拍拍女儿的肩膀，送她去睡觉了。然后，他马上给妻子打电话，报了平安。

在长兴岛的日子，对孩子们来说，犹如在世外桃源一样，充满了诗意。他们远离了喧嚣的大都市，远离了疯狂的破坏，而陶醉在浓浓亲情与大自然的怀抱之中。在那个混乱动荡的岁月里，这些日子成为他们最美好的记忆。

为了让孩子们熟悉农村，段镇不光带他们去参观房舍，识别各种蔬菜，了解牛、马、驴、猪、鸡等牲畜家禽，还将他们送到一个农民家里当起了小饲养员，每天喂食、打扫……

劳动永远是农民的主课。段家三个孩子与农民子弟一起割草、采桑叶、捉虫子。平平的左手食指上至今还有一道明显的疤，就是那会儿用镰刀不当留下的纪念。

最刺激的事情大概要算学游泳了。

段维辛在几十年后回忆：

我爸爸游泳水平不太高，却决心教会我们游泳，那方法真可怕。

他选择了较浅的一段河流，告诉我们怎样游泳，鼓励我们下水试试。两个弟弟都不敢下，他走过来，一手提一个，毫不犹豫地把他们丢进了河里。弟弟们吓坏了，边挣扎着边喊"救命"，使劲游。爸爸看了一会儿，又把他们拽了上来。当天晚上，大进便发烧了。

第二天，爸爸问我敢不敢下水？我说敢，主动跳进了河里。我知道，如果说不敢，也会被扔进河里，不如自己下水。

就那样反复试了几回，我们姐弟三人都学会了游泳，具体怎么学的，谁也说不大清楚。爸爸说："生活就是这样，不是一切都准备好了再生活，而是在勇敢的实践中学会生活。"

当然，在长兴岛的生活中，我们不光学会了游泳和干农活，还懂得了要尊重农民、关心别人、多做善事。这些品德方面的事是我爸爸特别看重的。

　　的确如此，当孩子们离开长兴岛返回自己的家后，开始养成不少良好的习惯。譬如，自觉清扫楼道，送开水给交通民警，路上主动帮人推车，等等。有时，家里有了好吃的东西，姐弟们争着送给外公外婆尝一尝，走很远的路也不怕。孩子们的变化，让李蕙芳备感欣慰。

# *10*

# 冬天到了，春天还会远吗

"故天将降大任于是人也，必先苦其心志，劳其筋骨，饿其体肤，空乏其身，行拂乱其所为，所以动心忍性，曾益其所不能。"

由于生性乐观，纵然在坎坷的日子里，段镇也能找出不少开心的事情。譬如养猪、种菜、开办"儿童之家"等等，他都当成了难得的人生体验。甚至可以说，如果没有这种特殊的经历，他对儿童的观察研究不会如此细致深入，更不会这样丰富多元。

可是，好花不常开。

当他已经完全适应了长兴岛的生活，并在那里做长期打算时，他被调到了上海港码头，当了一名搬运工。每天就是搬运铁块，成为最简单的体力劳动者。

几个月后，段镇又被调进了上海冷轧厂酸洗车间，这时已经是1970年的春天。

在酸洗车间，段镇依然是最简单的体力劳动者。不管他如何瘦弱，一天必须搬运好几吨钢材，而且是在有害气体的包围之中。

酸洗车间的工序大致是将钢片用机器卷成圈之后，靠大吊车将其吊入缸内酸洗，氧化去锈，然后再轧平。

每天，段镇要穿上长筒套鞋，戴上大套袖，头上顶着巨大的鼓风机，紧张地在流水线上作业。他的右手腕上有一道青色的伤痕，就是当年酸洗作业时被钢板击伤所致。假若不是击伤手腕而是击中头部，就不会再有段镇后面的故事了。

随着岁月的流逝，许多伤口在慢慢愈合，希望便也在悄悄生长。

一天，李蕙芳发起了高烧，一时动弹不了，全家人着了急，段镇跑去医院请教医生。

从医院回来后，他说："医生说不大要紧，打几针退烧针就行了。"

"医生呢？"全家异口同声地问。

段镇笑笑，说："我就是医生。"

果然，他熟练地准备着，在注射处涂了酒精消毒后，左手拿药，右手持针，将瓶子里的药摇匀，吸入针管内，然后顺利地注射。打完针，他用一小块药棉按了针眼一会儿，再让妻子自己按住。不久，妻子果然退烧了。

辛辛亲眼所见，大为敬佩，说："爸爸，你什么时候成了医生？"

段镇哈哈大笑起来："养猪的时候。猪生病了，没有医生，我只好上手了。揪着猪尾巴噗的一声，针就进去了，把它治好了。"

一家人全都乐了起来。李蕙芳也忍不住笑了，她伸出无力的手给了丈夫一拳，责备道："你是兽医，怎么冒充人医？"

"人兽相通嘛，只是药量不同罢了。"段镇禁不住得意起来。

"冬天到了，春天还会远吗？"雪莱这富有哲理的诗，温暖了多少人的心。

1976年，光明与黑暗的较量达到了白热化的程度。

那些日子，段镇读了许多关于教育理论的书，却无处交流心得，唯有与妻子讨论。他说："我终于明白了，儿童观是儿童教育观与组织观的基础。儿童观具有时代性和阶级性，中世纪封建主义的儿童观是'奴才观’；资本主义的儿童观是‘工具观’，同时出现了代表社会进步与科学、民主的‘人性观’；我国新民主主义和社会主义时期的儿童观是‘主人观’。”

李蕙芳深知丈夫心情压抑，愿意听他一吐为快。她尽管并不习惯钻研深奥的理论，但听丈夫谈论这些颇觉好奇，问道：“‘人性观’是什么呢？”

段镇见妻子有兴趣听，劲头上来了，说：“你知道文艺复兴运动吧？文艺复兴否定了封建理论，产生了以人为中心、强调发展个性的新人类观，认为儿童是自由而具有发展可能性存在的。你知道伊拉斯谟和洛克吗？”

李蕙芳摇摇头。段镇喝了一大口茶水，兴奋地说：“没关系，我讲给你听。伊拉斯谟是荷兰的人文主义教育家，他认为‘儿童’这个词在拉丁语中意味着‘自由者’。英国的洛克则认为，奴隶式的管教只能养成儿童奴性的气质。最了不起的是卢梭和蒙台梭利夫人。”

“我知道卢梭，《爱弥儿》和《忏悔录》是他的代表作。”李蕙芳在中学时代就听老师讲过卢梭，并非常欣赏这个视自由为生命的法国思想家。

段镇说：“卢梭提出，万物中人类有人类的地位，在人生中儿童期有儿童期的地位。所以，必须把人当人看待，把儿童当儿童看待。他认为，儿童时期自有儿童时期的观察、思考和感觉的方法，企望以成人的方法代替儿童的方法，那是最愚笨的事，他要求教育者把自己放在儿童的地位，设身处地地为儿童考虑。他提出成人化的教育是‘不合理的教育’‘残酷的教育’，把成人化的种种约束加在儿童身上，使他们苦恼，使‘天真快乐的童年消磨在哭泣、惩戒、恫吓与奴隶般的生活之中，这种折磨无异于要死神从阴森的环境中将他拖走’！”

李蕙芳叹服地惊叫起来：“天哪！你怎么记得这么清楚？”

段镇笑了，调侃说：“这是下放劳动的好处，身体累，脑子闲，有机会背。不，不是背，是吃进去了。"

他又说："20世纪的进步教育家，意大利的蒙台梭利夫人也很了不起。她认为，'世界上每个地方都存在着强者压迫弱者的现象，儿童也是被压迫和误解的对象'。她说：'人的心理具有创造性的功能，儿童的这种活跃而有力的创造性是人类的宝贵财富。但是，几千年来，人们不承认儿童内心世界蕴藏着巨大的力量，因而常常将自己的意志强加于他们，压制儿童的本性……'为此，她呼吁'发现儿童'和'解放儿童'！"

"太伟大了！"李蕙芳禁不住欢呼起来。

当时虽然还在冷轧厂上班，但是段镇已经感到春天在向他走来。

1976年年底，段镇给上海市教育局局长杭苇写了一封信，请求重返教育岗位。他写道：

> 我是一块被丢弃在角落里的煤，已经闷了20年，现在还能燃烧，还能发出光和热，还能为少年儿童教育工作出一份力。请让我把闷了20年的火燃起来，发挥自己的作用吧！

68岁的老局长杭苇是一位教育家，一向主张培养学生的创造性思维。他熟悉段镇的经历，欣赏他的才华，决心让这块优质煤再燃烧起来。

1977年7月，段镇结束了长达约20年被打击和改造的生活，重返教育岗位。在杭苇局长的信任与支持下，他进入了上海教育杂志社，担任"辅导员"专版的编辑兼记者。

令段镇兴奋的是，他的老搭档刘元璋此时已担任《上海教育》杂志的主编。他们开始了第二个珠联璧合的时期。

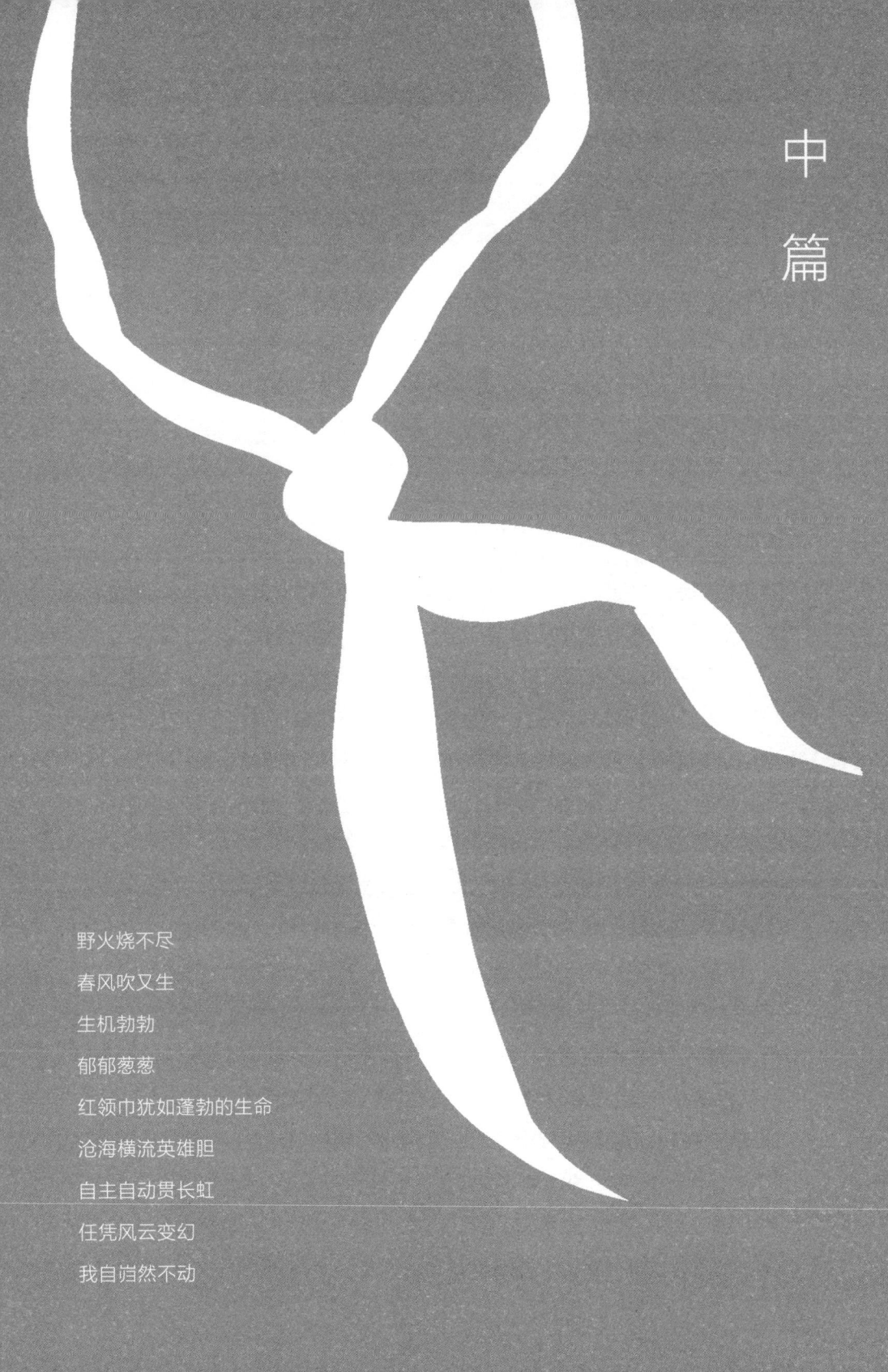

野火烧不尽

春风吹又生

生机勃勃

郁郁葱葱

红领巾犹如蓬勃的生命

沧海横流英雄胆

自主自动贯长虹

任凭风云变幻

我自岿然不动

# 11

## 少年部部长

俗话说，十年磨一剑。可是，段镇这把剑却磨了20年，当他横空出世，全国少先队界都为之震撼。

1978年12月18日至22日，一个决定中国命运的会议——中共中央十一届三中全会，在北京召开。从此，中国果断地停止使用"以阶级斗争为纲"这个口号，将工作重点转移到社会主义现代化建设上来。

此时，段镇已经50周岁。但是，他的经验，他的才华，他的斗志，依然光彩夺目。于是，一时间，段镇成了许多单位争夺的"宝贝"。团市委马上请段镇回去主持少年部的工作，教育局请段镇去教育科学研究所当所长，出版局请段镇去少年儿童出版社，还有的领导调段镇去《青年报》当主编……

从待遇上讲，去出版社收入高，去报社当总编升迁可能快一些，但是，段镇毫不犹豫地选定了回团市委少年部，回到他魂牵梦绕的少先队！

1978年10月27日，共青团中央在北京召开了十届一中全会，通过了恢复中国少年先锋队名称的决议，并通过了经过修改的《中国少年先锋队队章》和《中国少年先锋队队歌》。

上海走在了前面。早在5月31日举行的"星星和火炬照耀着我们"的六一晚会上，团市委书记就郑重宣布：经中共上海市委同意，六月一日起本市恢复少先队组织。

那火焰一样燃烧的红领巾，那热烈如瀑的咚咚队鼓，无不在热切地召唤段镇。

段镇的心动了，脚步也动了。

当若干单位争调段镇之时，他已经在虹口区第三中心小学蹲点几个月了。

那时的段镇还是上海教育杂志社的记者。一天，教育局视导员陶云婴向他推荐了第三中心小学，说那里有一个好苗子叫沈功玲，可以带一带，有希望成长为新一代刘元璋式的大队辅导员。从此，段镇经常跟着陶云婴去第三中心小学。

段镇深得蒋文焕的真传，有20世纪50年代在肇周路小学蹲点的成功经验，下放劳动期间又精学了毛泽东的《实践论》和《矛盾论》，提高了蹲点的理论认识。他将"由点到面，点面结合"的领导方法，概括为：沉下去，海底探宝；跳上来，天女散花。

这年开学的头一天，段镇第一个来到第三中心小学，与校工一起打扫校园，然后与大队委员们一起戴上红领巾，在校门口迎接每一个老师和同学。

第三中心小学位于虹口公园（今鲁迅公园）附近的山阴路103号，它的前身是日本高等女子学校。抗战胜利后，上海市教育局委派著名教育家陈鹤琴来接管。这里闹中取静，环境幽雅。一进校园是宽阔的运动场，南面一排樟树，北面一排梧桐。1982年上映的儿童电影《闪光的彩球》就是在这里拍摄的，而电影里的大队辅导员（赵静饰演）就是以沈功玲为原型的。

多年以后，沈功玲回忆说：

段镇来蹲点说来就来，非常突然。在一个静静的楼台上，我开始向他汇报工作，也讲了我如何费尽心思设计队活动，又怎样到处请人，可他似乎感兴趣的不多。我渐渐悟出来了，唯一使他兴奋的是孩子的故事，他关注的是孩子们在组织里究竟是什么状态，有没有主动性、积极性和创造性，他特别重视孩子怎么想怎么做，反复地问个不休。

在第一次谈话中，他也讲起了刘元璋在学校里的故事，告诉我说，海底探宝是辅导员的本领，而宝在龙宫里。

后来，我发现他身上有一种魔力，特别吸引孩子的那一种魔力，孩子们一见他就开心，又唱又跳，还与他对歌。

大约从段镇复出开始，他有了一个非常独特的称谓——"段伯伯"，无论小学生还是老师，一律叫他"段伯伯"。后来，有些孩子开始叫他"段爷爷"，他摆摆手，说："不要你们提拔，叫'段伯伯'就行了。"于是，"段伯伯"成了通称，几十年未改。不过，上海人叫"段伯伯"很亲切，北方人往往会听成"段爸爸"。

在第三中心小学，段镇是一个魅力无穷的人，走到哪里都受到热烈欢迎。

一天下午，四（1）中队的队员们发现了段镇，争先恐后地迎上来，喊着："段伯伯！""快到我们中队来呀！"

段镇快步走过去，躬下身子，亲切地摸摸这个孩子的头，又拍拍那个孩子的脸。

有个小队员盯着他的头，惊叹道："啊呀，段伯伯有白头发啦！"

"我老了。"段镇笑嘻嘻地回答。

那个队员摇摇头，又指指段镇的心，说："您这儿不老。"

队员们全鼓起掌来，又要求与他对歌。有好几个中队的队员都约他对歌呢。段镇也不含糊，对了一支又一支，并且都是孩子们从未听过的老歌。

譬如，他唱起了旧社会拉洋片的教小孩子唱的歌：

> 往里面看来往里面张
>
> 上海滩上真闹猛
>
> 往里面看来往里面张
>
> 霓虹灯开得明明亮
>
> 发财人家吃了还要吃
>
> 穷人家叫饿又叫冷

他还唱陶行知先生改编的《锄头歌》：

> 手把个锄头锄野草呀
>
> 锄去了野草好长苗呀
>
> 咿呀嗨呀嗬嗨
>
> ………………
>
> 光棍的锄头不中用呀
>
> 联合机器来革命呀
>
> 咿呀嗨呀嗬嗨
>
> ………………

孩子们兴奋极了，又缠着段镇讲故事。段镇便讲起了地下少先队的故事。地下少先队？有些孩子弄不懂，还使劲往地下瞧，问："是在地下防空洞里的少先队吗？"

段镇一点不烦，耐心解释，说当时上海被日本人侵占，后来又被国民党统治，中国共产党领导的组织只能隐蔽地开展活动，所以叫地下党和地下少先队。他又讲起铁木儿团秘密做好事的故事，深深地吸引了孩子们。

模仿是孩子的天性。

第三中心小学出现了许多好人好事，却常常查不出何人所为。有一个班卫生一向糟糕，一天下午，同学们来上课，竟发现不但窗明几净，地板也擦洗亮了，黑板上留的署名是模仿铁木儿团的统一标志，是一个奇怪的"△"。

校园里的"△"越来越多，风气越来越好，孩子们以做好事不留名为荣。沈功玲带着队长们当起了"侦察兵"，偶尔发现了有人做好事，那些可爱的孩子恳求辅导员一定要为他们保密。

一天，段镇兴冲冲地找到沈功玲，说："好诗呀！五年级少先队员写的好诗！"说罢，朗诵起来：

> 小火箭
> 长又尖
> 呼的一声飞上天
> 我呀真想乘上它
> 飞向2000年

沈功玲一听也兴奋起来。她马上去队员中了解情况，原来是孩子们听了科学家陈念贻伯伯的报告，明白了火箭是现代化的象征，一下子迷上了火箭。

段镇知道这个情况，手舞足蹈地说："孩子们喜欢火箭，向往现代化，是多么珍贵的兴趣啊！中国要把'文革'耽误的时间抢回来，不正需要火箭精神吗？"

"太浪漫了！"沈功玲若有所思，喃喃地说道。

段镇急切地说："少先队太需要浪漫了！现在是现实主义太多，浪漫主义太少。再说，少先队就是要研究并根据队员们的意愿开展活动。"

段镇推荐沈功玲看苏联小说《时间呀，前进！》。

在做党的地下工作期间，段镇就读了这本书。该书讲述了开展劳动竞赛的故事，给段镇留下了深刻的印象。而今，中国百废待兴，不应当抢时间争速度吗？况且，这个队活动的创意源自孩子们！

沈功玲即刻召集大中队长开会，听取意见，起草了活动计划。

在校长许树宜和副校长张雪珍的支持下，第三中心小学少先队大队委员会决定，新学年少先队活动的主题为"火箭呀，前进！"。该活动以创"三好"（身体好、品德好、学习好）为目标，以调动全体队员自我教育的主动性为目的，并以浪漫主义情趣为特色。

队员们立即行动起来了。

活动方案规定：乘火箭以中队为单位，而每个中队必须有85%以上队员拿到火箭票方可乘坐。火箭票实际是一枚精致的金属徽章，可以戴在胸前。

那么，拿到火箭票需要什么条件呢？队员们就一名现代宇航员所必须具备的素质展开了热烈讨论。

少先队制定了"跳一跳可以摘果子"的激励性标准。只要你在"三好"的某一方面有一点点进步，如看科技书、做小实验、体育达标、保护视力、乐于助人等任何一个方面进步了，就可以拿到一张火箭票。火箭票的底是蓝色的，代表天空，上面有一枚神奇的小火箭和一颗卫星。在那些日子里，它成了队员们梦寐以求的奖赏。

队员们纷纷算日子、定目标，有个人目标、小队目标，还有中队目标。有几个较胖的女队员体育达不了标，她们请男队员当教练，冒着严寒，光着一双白白的小脚丫，拼命练习爬竿，皮都磨破了也咬牙忍着，体育成绩终于及格了。

关于这段经历，段镇本人曾这样回忆与评述：

1978 年年底，我调回团市委任少年部部长，就总结了"火箭活动"经验，化为"跨火箭奔三好"的活动向全市推广。回团市委后，我仍坚持每周都深入第三中心小学蹲点。在那里，我欣喜地发现了少先队的自动化小队活动，经过总结使之由点到面滚动发展，最后推向全市，延续至今。我又在许树宜校长和张雪珍副校长的支持下，经过沈功玲的创造性操作，在队的发展上突破了长达数十年之久的关门主义，在全国率先实现少先队组织发展的"全童化"。第二年，我又同沈功玲一起在第三中心小学率先开设思想品德教育课，进行了该课程的教学实验研究。实施者有毛蓓蕾、黎佩德等老师。我参与指导了实验课的全过程，指导沈功玲写了一篇较有质量的研究报告，那篇报告受到中宣部赏识，同时被推荐发表于《光明日报》和《人民教育》头版，向全国推广。我重新出来工作后，立即同倪谷音恢复联系，一师附小再次成为市少年部的重点实验学校。倪谷音首倡"爱科学月"活动，这个富有现代气息的活动，立即发展为全市性的活动，持续 20 年，至今已成为传统月活动。一师附小和第三中心小学双点并进互补，对全市少先队工作发挥了重大的推进作用。

段镇是个谦虚的人。实际上，自从段镇主持工作起，上海的少先队工作始终走在全国的前列，并常常对全国少先队的发展产生重大影响。

在一次陪同外宾考察上海少先队工作时，团中央少年部一位负责同志介绍说："中国的少年部部长当中，年龄最大的一位在上海，少先队工作水平最高的也是在上海，上海是代表中国少先队工作水平的城市。"

# 12 自动化

人的生命在于运动，少先队的生命同样要靠自身运动——自动。

"火箭呀，前进！"这是虹口区第三中心小学的主题活动，也成了少先队建设的强大推动力。

1979年3月5日，是全校"恩来号"火箭起飞的日子。

操场上搭起了主席台，平顶房上支起了发射架。让孩子们激动的是，这火箭并不是完全装装样子，而是真正能飞的！在辅导员的指导下，航模小组的同学们花费了好多天，终于制成了三枚带火药的火箭。命名"恩来号"是为了纪念周恩来总理，选择3月5日是因为这一天是周恩来诞辰纪念日。

这一天，段镇戴上红领巾，早早地来到了学校。他发现各个中队的队员都十分激动，人人胸前戴着蓝色的火箭章，随时准备乘上向往已久的火箭。此次活动还设了十几名领航员，他们穿上了借来的空军飞行员的服装，站在各中队队伍最前列，大有要马上率领大家遨游太空的气势。

大队长下达"起飞"命令后，发射员按照倒计时方法读秒：10、9、8、7、6、5、4、3、2……

当"1"声出口，只听嗖嗖嗖三声巨响，三枚火箭相继喷火升空，冲向云霄。

"噢！成功啦！"

"火箭飞上天喽！"

全校师生一片欢腾。

火箭起飞之后，地面上的"火箭部队"的一系列活动随之展开，如访问"科学国"。"科学国"里有各中队分别创建的电脑城、卫生城、生物城、环保城、艺术城、海洋城等等。曾联松爷爷是国旗图案的设计者，在他的指导下，他的小孙子，三（1）中队队员曾涛，设计了"科学国"开国大典升起的国旗。火箭激发了孩子们的激情与梦想，少先队活动空前活跃。

段镇由此真正认识了沈功玲。这位大队辅导员似乎是少先队员中的一员，与孩子一样容易惊喜，一样会幻想，一样开心。她大胆周密地指导设计了整个活动，并富有艺术性地组织实施。然而，每项活动总是队员在前台，她在幕后，从不喧宾夺主。段镇暗暗感念陶云婴有眼力。

也许段镇、沈功玲并没有意识到，"火箭呀，前进！"活动会给他们带来更大的收获，成为他们对少先队的重要贡献之一。

一天，四（1）中队的辅导员黎佩德向沈功玲发了一通感慨，说："您说我们班的队员多可爱呀！我生病40多天，上课都难以坚持，根本顾不上辅导少先队活动了，他们却自己干起来了，还干得不错！"

"是吗？"沈功玲来了兴趣，请她详细介绍一下。

黎老师是广东南海人，个子不高，眼睛却格外有神。她自1958年师范毕业，一直在这里任教，很受同学们爱戴。她还培养了女儿翁钦露写作的兴趣特长，后来翁钦露在中国少年儿童出版社出了一本《小学生日记》，著名作家柯岩写了序言。

经过和黎老师详谈，四（1）中队的故事在沈功玲脑子里活现起来。

这个中队自愿组成了两个男生小队和两个女生小队。队员们说，男生爱踢球，女生爱跳皮筋，玩不到一块儿，不如分别组队。黎老师一向讲民主，爽快地答应了。结果，男女生小队又成了友谊小队，女生小队教男生小队排练节目，男生小队承担会场布置的体力活儿，把一场晚会安排得井井有条。黎老师还担心自己帮不上忙，会出什么乱子，不料，比她来辅导效果还要好呢。

当沈功玲将这些故事讲给段镇听之后，凭着丰富的阅历，敏感的段镇意识到"宝"就在眼前。他决定重点联系四（1）中队，并首先来到了两个女生小队，采访了刘军和顾薇薇两个小队长。

一天下午，段镇来到第三中心小学，马上问沈功玲："下午有什么活动吗？"

"没有。"沈功玲平静地回答。其实，一会儿就要召开四年级小队长工作经验交流会，她有意放手让四年级的一名副大队长筹备，自己并未插手，但总有点不放心，不敢轻易让少年部部长参加。

不料，段镇早从四（1）中队得到了消息，问："不是要开小队长工作经验交流会吗？我来听听。"

沈功玲的脸本来就像大苹果，这下更红了，说："我事先毫无准备，小孩子乱说一气，有什么好听的？"

段镇拍拍她的肩，笑着说："我就要参加没有你插手的活动！"

后来，段镇在《少先队学》一书中，评述了这次非凡的小队长会议，记载了"少先队自动化的由来"。他写道：

在少先队的历史上，我们长期采用"发挥队员主动性、积极性、创造性"的提法，这个原则极为重要，我们应当尽力遵循，但它仅是掌握在辅导员手里的工作、教育原则。我们一直在寻找一个能直接用于并易于发动队员的提法，"自动化"则是较为理想的发现。这个提法，就其本质，与主动性、积极性、创造性没什么不同，发展之处是突出了独立性、自主性，并直接面向儿童，使之儿童化了。它形象生动、简明好记，富有时代气息和儿童情趣，能有效地激发少先队员自我教育、自我发展的主动性、积极性。

然而，少先队"自动化"并不是哪个成人主观臆造出来的，它是上海少先队员们在社会主义现代化建设新时期，在改革开放新形势鼓舞下的集体创造。

1978年秋，上海市虹口区第三中心小学开展了一个旨在用象征现代最新科技的火箭形象来激励队员奋发进取的活动——"火箭呀，前进！"。在此过程中，大队辅导员让副大队长独立召开了一次四年级年级组的小队长工作经验交流会。会上，四（1）中队二、四小队两位队长的汇报引人注目。两个小队的队员在中队辅导员患病期间，完全依靠自己的力量开展工作，组织活动。有"学队章、练队礼"、访问曾当过小队长的妈妈当年的爱队活动；有有趣的"语文活知识"与"数学活知识"竞赛活动；有"集体练爬竿、攻难关""讲科学家故事""小实验交流"等求知达标活动；有游公园、做游戏等娱乐活动；有为学校和幼儿园小朋友服务的公益活动；还有解决小队间纠纷和帮助小队长端正态度的民主生活；等等。就连中队的国庆活动也由他们主动发起筹备召开。更独特的是，他们还在小队长的家里办起了"小队之家"活动基地。这两个小队多美啊！队长们听了介绍一致要求表彰他们。大队辅导员建议采用命名表彰。于是，一场热烈的起名讨论展开了。"主人翁小队"，太一般；"火车头小队"，还不够先进。"我们现在不正在开展火箭活动吗？火箭飞上天，全靠自动化，这两个小队队员就不像辅导员说的算盘珠，要拨一拨才动一动，而是自动的。""对！就叫他们自动化小队！"孩子们一致赞成。

大队委员会根据小队长会议的建议，正式命名四（1）二、四（1）四小队为"自动化小队"，并向全大队发扬推广。闪光的一点，引亮了一片。许多中小队纷纷到大队部来索取"争创自动化集体，加入自动化行列"的申请书，填写自己设计的行动计划。一个"学当小主人，样样都自动"的少先队自动化运动在学校很快形成，连刚入队的二年级孩子也嚷着："我们也要自动化。""自动化"这个名字在少先队员的心目中，不但新奇有趣，而且是了不起的。它表达了他们对现代化的向往和奋发向上的愿望，反映了他们渴望独立自主，决心摆脱依赖被动的算盘珠状态的心理需求。自那时起，"自动化"成了全校少先队员和各级队组织热烈追求的光荣目标，成了有组织、有领导的群众性自我教育运动。

沈功玲后来回忆说："当时，我一听叫'自动化小队'，忍不住笑了起来，因为从未听说过这样的叫法。可我想起段伯伯说的'不要轻易否定孩子的想法'，就没有表示反对。果然，段伯伯听了大加赞赏，还建议队员们去南京路参观自动化设施，如自动售货机、自动门、自动吹干机等等。"

说来也有趣。

五年级一名名叫王中平（化名）的老师在"自动化小队"命名大会后，问本中队的队员："如果命名你们小队，叫什么名字？"

孩子们先愣了一下，一个男生随即大声嚷起来："叫王中平小队！"

王中平老师愣住了，问："为什么？"

"因为我们搞什么活动都问您嘛。"

王中平老师愕然了。

从此，王老师放手了，队员们自己搞活动既开心又丰富，一个个小队都自动化起来了。

机遇总是垂青有准备的人。

段镇敏锐地抓住了自动化小队，是他长期探索自下而上自我教育的结果。在他看来，自动化正是自下而上自我教育最形象的表述与体现，而自我教育才是真正有效的教育。

段镇深入研究了少先队自动化的目标和内容，他认为：

少先队自动化的目标是：把大、中、小队培养成为具有独立、主动、创造精神和自我教育能力的团结友爱集体；把少先队员培养成为具有集体主义思想、自动首创精神和独立自主能力的小主人。

少先队自动化的基本内容是：自己的活动自己搞，自己的事情自己管，自己的伙伴自己帮，自己的进步自己争。这四条简称为"四自"。它是自动化诞生初期总结概括出来的，以后成为各级少先队组织和广大少先队员争创追求的、带有一定规范要求的方向标。

关于"四自"目标的具体内容，段镇认为：

1. 自己的活动自己搞

少先队的活动不只靠上级布置、辅导员安排，而是由少先队员自己动脑动手、群策群力来创造。"自己搞"，包括从出点子、提倡议、搞设计开始，到自己组织、自己主持、自己实施、自己检查评比和自己总结表扬等一系列过程。

2. 自己的事情自己管

队里的许多事都由队员自己来管理。如自己办"小事业"：红领巾广播台、队报、队角、图书馆、周末剧院、俱乐部等。自己搞"小管理"：值日中队、洁齐美竞赛。自己管"小家务"：发展少先队、召开少代会、执行奖惩制等。自己组织"小社团"：艺术队、体育运动队、兴趣小组等。

3. 自己的伙伴自己帮

在组织里一人先进，大家学习；一人落后，大家帮助；一人困难，大家关心；一人有病，大家慰问。对伙伴热情诚恳，不是一有问题就向老师告状，而能用集体的力量来关心、鼓励、督促、帮助。

4. 自己的进步自己争

少先队员发扬奋发向上、不甘落后的进取精神，能时刻为争取自己的进步和集体的成就、荣誉而奋斗。当上先进不自满、不停留；暂时落后不泄气、不自弃。

孩子们的故事总是一波三折，有时甚至闯下天大的祸来。在开展"火箭呀，前进！"活动之前，几个男孩子曾闹出一场惊动公安局的案子。这个故事让段镇和沈功玲永远难忘。

一天，市公安局派人来到了第三中心小学，说是与一件一级大案有关。这可是从未有过的事情，连校长和大队辅导员都紧张起来，积极配合破案。

原来，公安局截获了一封发往海外的密信，上面写着：

杨司令，自你走后，军心涣散，王凯成了叛徒，我们准备6月24日大暴动。舰队随时可以起航战斗，兵工厂制造了充足的弹药，参谋长绘好了地图，并派出了特务侦察情况。请司令放心吧！

据公安局的人员讲，写信人名叫徐天雄（化名），已查出虹口区有三个叫徐天雄的人，一个是老年人，一个是吊儿郎当的工人，已经查了好多天，可越查越不像。最后，只好到第三中心小学，因为这里有个小学生也叫徐天雄。

沈功玲疑惑地说："我们有个男孩子叫徐天雄，是个调皮鬼，总与双胞胎宋伟和宋杰一起玩。可他们不会做太坏的事情呀！"

公安人员严肃地说："我们马上调查一下吧。现在离6月24日没几天了，再查不出来，大批警察都该出动了，那可不是闹着玩的!"

沈功玲深思了一会儿，说:"别吓着孩子。这样吧，给我一个小时，我帮助你们查清楚，好吗?"

公安人员看看手表，答应了。

徐天雄被叫进了大队部，见沈功玲神色严厉，顿时双腿抖了起来，因为他从未见过大队辅导员如此可怕。

沈功玲单刀直入，问:"你写信联络要搞大暴动?"

"是宋伟让我写的。"

"杨司令是什么人?"

"他叫杨可，是我们班同学，跟爸爸妈妈出国了，他是我们男生的头。"徐天雄慌乱地解释着，冒出了一头的汗。

一会儿，宋伟和宋杰进来了。一听这事儿，双胞胎嘿嘿笑起来了，又互相揭发。宋伟指着宋杰说:"都是他的主意，他是参谋长，让我当特务。"

沈功玲忍不住了，也扑哧一声笑了出来，问:"那兵工厂和舰队呢?"

宋杰做了个鬼脸，回答:"舰队就是领操台，兵工厂在校园外边，弹药是些泥巴团儿。"

"为什么要做这些?"沈功玲问，她意识到工作的缺陷。

宋杰见辅导员态度和蔼，胆子壮了起来，大声说:"少先队不要我们，乘火箭也没我们的份儿。哼，我们自己玩，自动化嘛!"

一场风波过去了。

沈功玲与段镇谈起这件事时，段镇双眼亮了起来，说:"太典型了!这说明必须敞开少先队的大门，让每一个愿意入队的孩子都戴上红领巾。同时，要看到自动化多么符合儿童的天性，也多么需要恰当的辅导。"

"天哪!成了特务案件啦，您还为他们讲话?"沈功玲叫了起来。

段镇后来在《少先队学》一书中谈论了"自动化"辅导的基本原则和

方法，他认为：

> 少先队的"自动化"，不是"自发化""自流化"，它完全是一个有领导、有计划的培养教育过程。我们可用这样一句话来表述它的工作原则："成人精心合理的教育、辅导，同充分发展少先队员的自主、自动、创造精神相结合。"

> "自动化"丝毫没有降低对辅导员的辅导要求，相反，它需要辅导员具有更高的领导水平。放任自流与包办代替同样是错误的，低估成人的教育与指导，会招致儿童自动水平的低下。引导自动化，是一门极其复杂的艺术，需要有丰富的教育经验与专门的理论素养。

> 有同志认为，提少先队"自动化"本身就是不要领导，不要教育。这是一种错误的理解。难道提"民主"就意味着不要"集中"，提"独立思考"就不要"集思广益"吗？我们要用对立统一的辩证观点来看问题，不要总把这事物同那事物对立、隔离开来。我们提倡"自动化"，只是辅导员依据队的性质，依据儿童身心的发展规律，因势利导，加速发展少先队员集体主义精神与自主、自治、自教、自动能力的一种少先队工作法；我们提倡的"自动化"，是队的组织面向少先队员，用以直接教育、发动的，非常形象、简洁、富有时代意义的鼓动性实践要求。

段镇还介绍了七种"自动化"的辅导法：

> 一是面向全队宣传少先队自动化的意义及目标。要让队员们都懂得：少先队是我们自己的组织。我们是队组织的主人，要"学做小主人，不当算盘珠"；要努力做到"四自"，争当自动化的好队员，争创自动化的好集体。我们要充分运用典型榜样，介绍本校自动化的优良

传统，以激起队员们的自豪感。

二是给少先队员创设一个民主、平等的教育环境。要真正承认队员的主人翁地位，尊重队员的民主权利，支持队员的首创精神。要用发展的眼光看待队员在自动过程中常常会出现的种种幼稚现象，给予信任，帮助建立起自信心。要召开少代会，实行民主选举与提案制。

三是引导队员在一定的时期提出一个富有建设性、创造性与吸引力的目标。运用远景追求的原理，指导孩子们自觉为实现自己的目标而奋斗。目标要上下结合，远近结合，个人与集体结合，同一性与多样性结合。

四是提供少先队员独立学习、独立工作、独立活动、充分发挥主动性的时空条件。要保证他们开展队活动的时间，帮助他们建立一批能施展个性才能的阵地。特别要鼓励他们走出课堂，走出家门、校门，到户外、校外、野外去看看、动动、想想、做做。

五是运用少先队的激励机制。经常组织各类竞赛活动，设立多种奖励，最大限度地调动起队员主动、活泼、全面发展的积极性。

六是选拔、训练好各级队干部。经验表明，凡自动化搞得好的集体，必有一个或一批自动化的小干部。故抓集体自动化，得先抓队长自动化。只有"车头"自动化了，中小队"列车"才能自动启程。要通过民主选举，把小人才发掘和选拔上来，然后加强培养和训练。

七是进入儿童生活，细心体察，深入挖掘，热情扶植。要经常细心地观察儿童，敏锐地发现好苗子，满腔热忱地给予鼓励与扶植，促其成熟、发展。然后及时发扬、推广，使其引起连锁反应，产生许多新苗子，然后再培育、再发扬。如此循环往复，使自动化雪球越滚越大，越滚越多。

自动化在虹口区第三中心小学掀起后，团市委少年部和市少先队工作学会给予扶植，并大力在全市倡导、推广。经过两年多时间发展，全市涌现了250个水平较高的自动化大、中、小队集体。在1980年庆祝六一儿童节的万人大会上，时任中共上海市委第一书记陈国栋给这些自动化集体授发了奖旗，鼓励全市少先队将自动化运动进一步蓬勃开展下去。

自动化队活动也受到了共青团中央和全国少先队工作学会的重视，通过全国第六次少先队工作会议的交流，《辅导员》杂志、《中国少年报》、《儿童时代》的报道，加上儿童电影《闪光的彩球》和后来的八集儿童电视剧《金猴小队》的传播，自动化走向全国，引起了少先队工作者的极大兴趣和热情关注。

# 13 全童入队

　　清晨，在通往虹口区第三中心小学的路上，出现了奇特的一幕情景：一个小队的女队员们，押着一个没戴红领巾的男生，在路上走着。那男生个子挺高，却站不正走不直，一会儿歪出来，一会儿又缩进去。于是，那些女队员们你推一把，我训一句，就像押着一个小"犯人"。

　　段镇站在远处，目不转睛地望着，心里暗暗吃惊。他看清了，这支特殊的小队伍走进了四（1）班的教室。

　　又是四（1）中队！段镇心里叫了一声，因为他常去这个中队，发现那里的故事特别多。

　　经过与黎老师细谈，段镇才弄明白事情的原委。

　　自从开展"火箭呀，前进！"活动之后，各个小队都竞争起来，希望尽快成为自动化小队。第三小队队长薛峰急坏了，因为在这个男生小队，有个调皮大王蒋远宏（化名），三年都入不了队，又经常瞎捣乱，小队怎么进步？小队不进步，岂不拖了全中队创建自动化中队的后腿？在中队长的协调下，蒋远宏由女生小队管理。女生小队一点不客气，天天早晨押着他来上课，放学又押他回家交给他爷爷奶奶（他的父母已先后生病去世）。

　　段镇找来队干部，与他们交谈起来。他问："为什么不让蒋远宏入队呢？"

"让他入队？"队干部们全都愣住了，不一会儿纷纷回答，"这样的人入了队，不是给红领巾抹黑吗？"

段镇皱起了眉头，不解地问："你们说，入队需要什么条件？"

"当然得是好孩子啦！"

"应当学习好，守纪律，愿意帮助人才行。"

段镇的眉头皱得更紧了，焦急地说："可是，队章有这一条吗？凡是愿意加入少先队的适龄儿童，都可以加入少先队嘛！"

队干部纷纷摇头，说：

"那可不行！"

"谁想入就入，少先队还有什么光荣的？还是先锋队吗？"

"我们必须对少先队负责！"

"想入队要经过中队委员会批准，我们不能批准坏孩子入队！"

段镇这才发现，孩子们入队难，不光是教师这一关难过，队干部这一关也十分严苛。由于划分好孩子与坏孩子的陈旧观念根深蒂固，加上"文革"中批判少先队是"全民队"，一道极为沉重的大铁门已经筑起了，将无数少年儿童拒于少先队之外。

第三中心小学在鲁迅先生故居大陆新村对面。段镇崇敬鲁迅，多次来这里参观。这一天，他又一次来这里汲取营养，试图解开少先队教育的一道道难题。

当天夜里，他写道：

在我国，代表现代的、进步的新儿童观的教育家当首推鲁迅先生。鲁迅先生是反对封建主义和帝国主义奴化教育的伟大先锋，他猛烈而又深刻地抨击了封建制度及其腐朽的儿童观。他高度重视儿童在社会发展和社会革命中的地位与作用，认为社会的改革"首在立人"，新社会的新人要从"没有吃过人"的孩子中培养出来。他主张"为革命起见，要有'革命人'"，儿童便是未来的"革命人"，他们应该是"敢想、敢说、敢做、敢当的闯将"……在鲁迅先生的心目中，未来社会的新儿童是"健康，活泼，顽皮，毫没有被压迫得瘟头瘟脑"，他们应当养成"有耐劳作的体力，纯洁高尚的道德，广博自由能容纳新潮流的精神，也就是能在世界新潮流中游泳，不被淹没的力量"；他又认为儿童应该"是超过祖先的新人"，"是一个完全的人"。他强烈反对任儿童"做牛马"的奴化教育，对儿童"终日给以冷遇或呵斥，甚而至于打扑，使他畏葸退缩，仿佛一个奴才，一个傀儡"。他反对把儿童完全禁锢在封建礼教的枷锁中，"非礼勿视，非礼勿听，非礼勿言，非礼勿动"，结果使孩子长大后"不但失掉天真，还变得呆头呆脑"。他认为："驯良之类并不是恶德。但发展开去，对一切事无不驯良，却决不是美德，也许简直倒是没出息。"鲁迅先生既反对任儿童做牛马，又反对为儿童做牛马，"任其跋扈，一点也不管，骂人固可，打人亦无不可，在门内或门前是暴主，是霸王，但到外面，便如失了网的蜘蛛一般，立刻毫无能力"。怎样对待儿童？他在中国历史上第一次发出"救救孩子"的呼声。为了培养新人，鲁迅先生要求人们理解孩子，指导孩子，解放孩子。他说："开宗第一，便是理解。"儿童有儿童自己特有的世界，与成人的截然不同，不要把儿童误解为缩小的成人，"倘不先行理解，一味蛮做，便大碍于孩子的发达。所以一切设施，都应该以孩子为本位"。"第二，便是指导……长者须是指导者协商者，却不该是命令者……第三，便是解放。子女是即我非我的人，但既已分立，也便是人类中的人。因为即我，所以更应该尽教育的义务，教给他们自己的能力；因为非我，所以也应同时解放，全部为他们自己所有，成为一个独立的人。"

"理解—指导—解放"的核心是尊重儿童。这是鲁迅先生对待儿童的基本立场和态度，也是培养革命的、完全的新人的基本方法。

写到这里，段镇舒了一口气，似乎理出了一个头绪。他决定抓紧时间，向师生们渗透这些思想立场，攻克全童入队这一难关。

1979年7月25日下午，首届全国少先队辅导员夏令营的彩色营旗，在美丽的海军旅顺基地上空冉冉升起。

> 为什么，队鼓敲得这么响
> 为什么，队号吹得这么嘹亮
> 为什么，人人露出笑脸
> 为什么，个个心花怒放
> 我知道，我知道，我也知道
> 啊！全国少先队辅导员夏令营
> 今天开营了
> 庄严美丽的营旗啊
> 在这葱茏的山岗上
> 迎着习习的海风高高飘扬
> …………

来自全国各地的289名辅导员，热泪盈眶地听着大连少先队员的献词。他们当中有全国优秀辅导员刘元璋、倪谷音、康文信、宁文琪、刘淑娥、曹魁珍、韩凤珍、刘靖慧、孙运生、李淑珍等，还有新一代优秀辅导员沈功玲、王征东等。

夏令营的建制富有少先队特色，全体营员为一个少先队大队。经过民主选举，康文信担任大队长，刘淑娥担任总辅导员，宁文琪和曹魁珍担任副总辅导员。韩凤珍、孙运生等担任中队辅导员。那些优秀的年轻辅导员则当少先队员，体验当时中国一流水平的少先队生活。

在那难忘的半个月里，营员们像少先队员一样跳舞唱歌、乘舰远航、去海猫岛赶海和野炊、听孙敬修和方掬芬的童话故事会、参加各类兴趣小组、举办小制作作品展览、过游戏节等，人人都返老还童了一般。

可惜，段镇晚到了三天。几乎同时，他正在无锡举办两期上海市优秀少先队员和优秀辅导员夏令营。时任团中央书记处书记胡德华打来长途电话，说有要事相商，请他务必到大连来。段镇这才匆匆踏上北去的列车。其实，他何尝不想早些与劫后余生的老朋友们在海边欢聚啊！

在20世纪五六十年代的全国优秀少先队辅导员中，流传着北京"四条汉子"（康文信、韩振东、孙运生、金承续）、东北"五朵金花"（宁文琪、曹魁珍、刘靖慧、刘淑娥、李淑珍）的种种逸事。他们每一个人的命运如何，段镇都在惦念之中。

段镇还想会一下李启民，因为他知道，李启民参与了团中央筹备组研究起草给党中央的报告，建议取消红小兵，恢复少先队。这个报告很快得到了党中央的批准。

段镇也想与两次荣获全国优秀辅导员称号的韩凤珍交流一下，这位河南安阳的同行，虽然身体虚弱，命运坎坷，却一直在执着地探索（关于韩凤珍的教育探索与教育思想，详见我的另一部长篇教育小说《孩子，抬起头》，浙江文艺出版社2020年出版）。

当然，他特别想见他的阿沙大姐（胡德华），自己有太多太多的委屈和困惑要向老领导诉说。

毕竟是知音。一谈起孩子入队难，阿沙大姐眉头也紧皱起来，直截了当地说："我儿子小时候也长期入不了队，恨死了！全国有一亿七千多万适龄少年儿童，仅有七千万少先队员。你算算，还有一亿多孩子被关在门外啊！这是一个多么严重的问题！不过，你放心，年底之前召开第六次全国少先队工作会议，将做出一个重大决定，把全体少年儿童组织起来，让他们都戴上红领巾。"

"好极了，早该这样！"段镇激动得坐不住了，站起来边走边说，"不过，阻力不小啊！连队干部也有不少人反对全童入队，强调少先队是先锋队，只能吸收好孩子参加。"

阿沙大姐摆摆手，说："这是误解。少先队用'先锋'命名，是要广大少年儿童从小学习'先锋'。从小学'先锋'的人越多，将来参与祖国现代化建设的'先锋'就越多。如果认为少先队员越少越起'先锋'作用，那就把少先队当装饰品了。阿段，咱们务必牢牢记住，少先队是广大少年儿童的组织，我们要把少先队还给少先队员，还给孩子们！"

段镇像一个接到冲锋命令的战士一样，站定在老领导面前，郑重地回答："阿沙大姐，你放心，我会冲破入队难这一关！"

在这次夏令营期间，大家还完成了一项具有开创意义的使命——成立了中国少先队工作学会。胡德华作为主管全国少先队工作的团中央书记处书记，当选为第一任会长。她正式提出："少先队工作是一门科学。我们成立中国少先队工作学会，就是要加强少先队工作的理论研究，向科学化进军！"吴芸红、张均法、李启民、刘元璋、陈模、江敬文等老一辈少先队工作者当选为副会长。

由于久别少先队，又加上没赶上选举，段镇未当选学会领导。但是，从这一时刻起，段镇选定了自己献身少先队事业的又一重大目标，并成为少先队向科学化进军的先锋。

返回上海后，段镇又来到虹口区第三中心小学，他同沈功玲决定从抓蒋远宏入队这个典型入手，突破全童入队难关。

四（1）中队还在为蒋远宏发愁。有些队员甚至沮丧地说他像块厚厚的冰难以融化。

"蒋远宏有进步吗？"段镇微笑着问队员们。

见大家纷纷摇头，他说："我看他进步很大嘛！"

队员们愣住了，问："他进步在哪里，我们怎么看不到？"

段镇说："他曾三次提出入队申请，是不是想进步呀？他过去总打人骂人，现在能乖乖地跟女同学来上课和回家写作业，这是不是一种进步？"

有个队员叫了起来："这么一丁点变化也算进步哇？"

"对呀！星星之火，可以燎原嘛。"段镇鼓励道，"我相信，有大家坚持不懈的帮助，蒋远宏的优点会越来越多，而你们的能力也会越来越强。好的集体就像一个大熔炉，连生铁都能熔化的，还怕冰块吗？"

队员们的劲头被鼓动了起来。第三小队队长薛峰要回了蒋远宏，又约全小队男队员与他谈话。

薛峰恳切地说："咱们小队都是男子汉，争当自动化小队这么好的事儿还能落下？可你要是不努力，大家全完了，你愿不愿帮一帮咱们小队？"

蒋远宏没回答。薛峰的心一下子又冷了下来。没想到第二天一早，薛峰突然收到蒋远宏塞给他的一张小字条，打开一看，上面写着：

> 薛峰同学，说实在的，我也想进步，只是我常常克制不住自己，希望你与小队队员帮助我。

薛峰读着，高兴得跳了起来，当即召集全队队员宣读了蒋远宏的来信，并奔到讲台前，在大黑板的一角出了一个通知：

> 今天放学后，四（1）三小队留下开会，会议重要，不得缺席。
>
> 小队长薛峰

下午的小队会是为了做出帮助蒋远宏进步以争取早日戴上红领巾的决议。薛峰说，大家每讲一条，蒋远宏都要表态，如不点头，就不能成为决议。

"第一条，每天早晨6点钟起床，6点半开始与小队队员一起绕着虹口公园跑步。行吗?"

蒋远宏点点头。

"第二条，下课后与小队队员一起玩，不许到处欺负别人。"

蒋远宏又点点头。

第三条，放学后大家轮流帮他补课，他也同意了。可是，第四条要他上课不做小动作，不乱讲话，他犹豫了，迟迟不点头，说："我心里想不那样，可管不住自己。"

一个队员出了主意："这好办，上课时在你手上拴根绳子，你一犯错，我们就拽你一下。"

蒋远宏不说话，不知在想些什么。

薛峰摇摇头，说："这个做法不尊重人，对同学不应该这样。"

蒋远宏忽然笑了，说："要么你们再加一条，这一条我也答应。毛老师班送来了几只小白鼠，让我参加饲养。"

另一个队员急忙喊起来："嘿，这可不行，你准会弄死它们的!"

小队长却答应向中队长提出请求，让蒋远宏当小饲养员。蒋远宏一下子来了精神。

小队长又说："今天的小队决议很重要，光口说不算，还要用笔记下来，签上自己的名字。另外，我代表小队还要送给蒋远宏三件礼物。"

"真的?"蒋远宏更高兴了，伸出两只手准备接。

小队长说："三件礼物画在决议书上。第一件是一面镜子，第二件是一朵小红花，第三件是一只小刺猬。"

"我明白了。每天照镜子，做好事戴小红花，做坏事挨刺猬扎。"蒋远宏说完，队员们全乐了起来。

于是，小队长与蒋远宏在决议书上签了字，各自保留一份，还给了中队辅导员一份。

蒋远宏突然像变了一个人似的，每天做好事，处处受表扬。那几只小白鼠养得也很精神，蒋远宏吃好东西，总忘不了留一点给它们尝尝。

蒋远宏的变化让队员们相信每一个孩子都可以进步，而戴上红领巾更有利于成长。中队委员会终于批准了蒋远宏的入队申请。第三中心小学大队委员会为他一个人举行了隆重的入队仪式。

蒋远宏的爷爷奶奶兴奋得一夜未睡，特意买来布料，为孙子缝制了白衬衣。爷爷一早送孙子到学校，激动得直擦眼泪。

1980年6月1日，上海市虹口区第三中心小学成了全国第一所全童入队的红领巾学校。

一年之后，上海市成了全国第一个全童入队的红领巾城市。

# 14 创造万岁

创造是教育的永恒主题。

倪谷音曾回忆说：

> 20世纪50年代，由段镇主持的上海市少先队夏令营，出现了前所未有的新事物——创造性游戏，让少先队员当少先队的主人。1956年秋天，在一师附小的校园里创办了一个崭新的节日——创造性游戏节。这是段镇少先队教育思想的新火花。
>
> 从此"创造"两字就与我校少先队员结下不解之缘，长盛不衰，并且越来越表现出它旺盛的生命力，学校培养了一代又一代喜爱创造的少先队员。

的确如此，段镇的身上奔涌着不安分的、渴望创造的血液。他崇敬陶行知的原因之一，是这位教育家主张创造教育。他在潜心研究了陶行知的教育学说之后，写道：

> 我国新民主主义儿童观的一位代表人物是教育家陶行知。陶行知把儿童看成未来的创造者。1943年，他在《新华日报》上发表了著名

的《创造宣言》，指出"处处是创造之地，天天是创造之时，人人是创造之人"。第二年，他接着发表《创造的儿童教育》，引用大量事实雄辩地论证"小孩有创造力"。他认为儿童的创造力是"千千万万祖先，至少经过50万年与环境适应斗争所获得而传下来之才能之精华"，他首创的"小先生"运动便是儿童创造力的充分显示。他认为"发挥或阻碍，加强或削弱，培养或摧残这创造力的是环境"，教育职能之一便是"启发解放儿童创造力以从事于创造之工作"。

陶行知创造的儿童观的高度在于把"解放儿童创造力"看成"解放中华民族的创造力"，在当时是为打退日本鬼子，建立新中国服务，其长远目的是要"创造民主的、科学的、幸福的新中国"。这种观点顺应了中国现代化发展的要求，具有鲜明的反帝反封建的政治色彩。

陶行知第一次全面地提出了以启发培养儿童创造力为目的的"五大解放"：解放小孩的头脑、双手和嘴，解放儿童的空间和时间，反对限制、束缚儿童发展的"鸟笼式"教育。他指出解放儿童创造力的最重要条件是实行民主。他所主张的民主不是"少数资产阶级做主，为少数人服务的旧民主"，而是由"人民大众做主，为人民服务的新民主"，这种新民主的教育方法就是"要使学生自动"。民主的教育就是"培养自动力的教育"，"自动教育就是教孩子自己干，不要替孩子干"。他认为："中国儿童现在最需要的东西是什么？是动的机会！是自动的机会！是联合自动的机会！"自动是自主的表现，而唯有自动才能出创造，才能经过团体的和个人的自治而达到理想教育的目的。

1982年，段镇的工作有了一些变化。

为了加强青少年问题的研究，团市委决定与上海社会科学院合作，建立一个青少年研究所。那么，谁来当这个所长并负责筹建工作呢？有关领导又想到了段镇。

专心从事科学研究，自复出以来一直是段镇的愿望，因为他有太多的疑惑需要破解，他完全懂得科研对一项事业的巨大作用。于是，他在继续当少年部部长的情况下，又挑起了所长的重担。

不过，经过近四年的考察，段镇已经推荐了新的少年部部长人选——沈功玲。

37岁的大队辅导员沈功玲，不但具有丰富的少先队工作经验，有一定的理论素养，更有段镇欣赏的献身精神与创造意识。在段镇看来，有了后两条优点，人就有开发各种潜能的可能性，而开创新局面也自然有了希望。

一天，市委组织部约沈功玲谈话。头一回去市委的沈功玲有些紧张，一副不知所措的样子，还是由段镇陪同去的。自1982年8月起，沈功玲被任命为少年部负责人，第二年便正式当了部长。

沈功玲说："段伯伯像把儿子丢水里一样，把我丢到了部长的位子上，让我一个人瞎扑腾去了。"

在一份调查报告的开头，沈功玲写出了自己的困惑与突破点。她写道：

> 在部分学校里存在着少先队活动开展难的问题。不少老师感到活动没啥好搞，搞来搞去老一套，听听报告，做做好事，逢时过节热闹热闹；还感到搞活动同教学工作有矛盾，教学任务重，时间精力都不够，重视了活动就要影响教学质量，影响升学率……

> 带着这样一些问题，我们来到一师附小。在这儿看到的却是另外一种景象：这儿的少先队工作特别活跃，少先队活动数不胜数，天地无限广阔；这儿的校长、辅导员、老师乃至后勤人员个个都确认少先队组织的力量、少先队在学校的重要地位，一致把丰富多彩的少先队活动当作提高教学质量必不可少的重要保证……

我们决心沉下去，沉到底，来一个"海底探宝"。

我们花了五个星期的时间，采用"开座谈会""个别谈话""问卷统计""直接观察""实地测试"等多种方式开展调查。我们在那里天天发现"新大陆"，时时感到兴奋不已。一师附小的经验是新鲜的，是宝贵的，是值得研究、值得推广的。

不用说，这是段镇为徒弟出的高招儿。

从1955年开始，段镇就来到一师附小蹲点，而大队辅导员就是倪谷音。他曾深情地回忆：

> 倪谷音说她是我的第一个徒弟，其实我同她是在少先队战线上并肩作战、合作探索的战友。在长时期蹲点实践中，我不但同她建立了亲密的战友情，而且愉快地结识了一师附小许多团员青年教师，参加团支部组织的舞会、联欢、海滨野游……同她们打成一片，成为好朋友。我只比她们年长四五岁，少先队员当时称我"段镇大哥哥"，青年教师则直呼我名，也常叫我"段大哥"，我们的关系是非常融洽、亲密的，可以无所不谈。我在一师附小的蹲点工作一直非常愉快、舒畅。

可以说，倪谷音与段镇是知音，因为创造与"活教育"是他们共同的灵魂。少先队自动化是虹口区第三中心小学首先提出的，而一师附小始终体现着自动化精神。

这次沈功玲带队的调查组，由团市委少年部、上海社会科学院青少年研究所、上海市少先队工作学会联合组成。段镇不但参加了调查的全过程，还常常成为主试人。

尽管是老朋友，倪谷音校长见一下子来了这么多人，心里仍免不了有几分紧张，安排大队辅导员谢咏好好准备。

可一师附小的老师们怎么也没想到，段镇提出的要求竟然是这样两句话："少先队员全自动！老师不许动！"

谢咏愣了，问："这是什么意思？"

沈功玲笑着解释："这是要采取特殊的手段，对少先队员的自动精神和能力进行专门的测试。测试由我们任选中队，由我们指定主题，规定准备时间，要求该中队当即组织一个主题队会。活动全部准备工作由少先队干部组织进行，辅导员不加辅导。"

"天哪！"一个年轻的中队辅导员叫了起来。

第一个应试中队是小五甲。测试那天，正副中队长正巧都请假不在，测试人员只得把要求告诉了中队辅导员宋珠凤，请她做不得超过五分钟的动员。

宋老师是这样动员的："今天我们中队要接受一次特别考试，要在20分钟里迅速准备一个读书会。我很担心，今天正副中队长都不在，辅导员又不能帮忙，这个会能开好吗？"

队员们立即举手发表意见：

"能开好，我们喜欢自动化！"

"我建议请宫霄峻担任临时中队长！"

大家一致赞成。

宋老师问："今日队会成功的关键是什么？"

"一切行动听队长指挥，我们不能像平时那样七嘴八舌，否则时间到了一个节目也排不成。"

"还有什么问题没有？"

"以前排过的节目可以用吗？"

"尽量创作新的，实在排练不出就用老的。好，我的五分钟动员时间到了。你们三个小队的自动化竞赛现在开始。"

宋老师看看手表，自觉地退到一边。

代理队长在20分钟时间内独立设计了队会的程序，安排了队会仪式，写了开场白、结束语，并自己准备了一个表演的节目。他的开场白是这样写的：

> 书，是人类通向世界的大道。
> 书，是人类知识的源泉。

> 我们则是一个个探险者，只有用"苦"做舟，才能到达胜利的彼岸；只有用"勤"做垫，才能达到光辉的高峰！同学们，你们在与惊涛巨浪搏斗的时候，一定深有感受；你们在前进的征途中，一定感到十分新奇。让我们在这书的世界、书的海洋中畅游吧！

在队会结束时，这位主持人又画龙点睛地总结说：

> 书的海洋无边无际，书的道路没有尽头。同学们，让我们在这广阔的海洋里，在这光辉的大道上，前进，前进，再前进！

要不是测试人员在场亲自监看，他们真不相信这是孩子们在如此短的时间里写出来的。

事后，沈功玲找这名代理队长谈话，请他说说当时的心情与想法。

他说："先是感到突然，心里有点紧张。一般情况下我们准备一个主题队会至少一两个星期，队长的开场白总要老师启发一下，自己写了，也要老师做些修改。这次老师不能动，全要自己动。不过我们是很喜欢自动化的，我见到队员们积极性都那么高，我也充满了信心。先写开场白，这要围绕主题，我联想到平时开展的书评活动。我想，一定要从中提炼出几句重要的话来，'苦做舟，勤做垫'是宋老师平时为鼓励我们爱书、读书教的话，我很喜欢，就决定用上了。结束语，还是要回到'书'的主题上来，与前面的话呼应，要鼓励大家不骄不躁再努力，因为学无止境。我的结束语要使大家体会到主题队会是结束了，但读书活动还要继续。"

沈功玲又问他是怎么懂得这些的。他说，他平时参加红领巾文学小组活动，学到过这些知识。辅导老师说过，结束语得自然，不能画蛇添足，既要干脆，又要使人感到意思还很多，回味无穷。

测试人员纷纷称赞孩子们的知识面竟这样宽，创造才能这样突出，集体观念这样强。

只花20分钟准备，三个小队就演了15个节目，介绍了15本书，其中当场编排的有10个，老的改编的有5个，演出时间为一个小时，全中队都参加表演。分析一下可以发现：队员们一靠平时大量阅读，肚子里有书；二是差不多人人书包里都装着课外读物，抽出来就是。他们表演的形式也很多样：用相声介绍《太空运动会》，用对话介绍《一张考卷》，用诗歌介绍《细胞王国遨游记》，用小戏形式介绍《大奖状》《大拇指奇遇》《老鹰借粮》……孩子们自编、自导、自演，不仅反映了他们的表演能力，而且体现了他们的集体观念和团结精神。第一小队的节目《大奖状》，要求一人演胖胖，一人演胖胖妈，一人演胖胖爸，三名队员都把角色演得活灵活现。每个队员既当观众又当演员，大家在欢笑声中被一本本书中的有趣情节深深吸引着。

四丙中队的"文艺联欢"也很有特色，队员们用30分钟时间准备，表演了16个节目，共演出45分钟，有独唱、二重唱、小组唱、诗朗诵、三人舞、滑稽小戏、魔术、京剧独唱、讲故事等。孩子们真是多才多艺，可惜黑板上的会标"快乐的队会"五个字是老师写的（老师不清楚规则，在旁边着急才帮了倒忙），被扣了几分。

四乙中队的"当老师不在的时候"主题队会，真实地反映了他们中队平时自己管理自己，自己教育自己的情景。早读课自己上，音乐测试自己组织，队日活动自己开展，队员有困难队长关心，队长有缺点队员帮助……测试人员问老师不在为什么能这样自觉，队员们的回答是"红领巾是我们心中的良师益友"。

测试人员最后来到陈玲棣老师辅导的三甲中队。三甲中队接连接受了两次测试，第一次主题是"快乐的游戏"，四个小队共设计了五个游戏，其中两个很有特色，全部队员都参加。结束时，队员们请段伯伯带他们做一个游戏，段镇马上登场，跳起了龙首舞，把全中队的队员都带了起来，什么稀奇古怪的动作都表演了。他们说段伯伯的游戏又简单又有趣，而对自己的表演表示不满意，要求重新来。孩子们的"争先"精神使大人们感动，便同意他们再来一次。第二次的主题是"语文剧场"。经过三刻钟准备，他们把语文课本上的内容全部活灵活现地搬上舞台，获得了极大的成功。

队会即将结束了，一名测试员突然提出要求，请中队长主持评出最佳节目。会场气氛一下子又活跃起来了，张三说《野兔》最佳，李四说《小交通员》最佳，王五说《亮亮》最佳，这下可难住中队长了，到底哪个最佳？忽然，她灵机一动，转身说："段伯伯，请您发表意见，您认为哪个节目最好？"

好聪明的队长，把球一下子传给了段镇，哪知段镇说："我想听听中队长的意见。"

球又踢了回去。中队长想了三秒钟，镇静地说："好，我们大家来举手表决！"

这样，大家很快地评出了第一、二、三名，还评出了最佳小队。中队长高兴地说："现在我们欢迎荣获最佳奖的小队来谈谈体会。"

张成刚同学大方地走了上来："大家表扬我们，我们很高兴，谢谢大家！"

谭浩南上来说："这次演出是我自己向队长提议的，我来演老鹰，建议张成刚当我的配角。"

小队长站起来补充道："我当时想，谭浩南平时胆子虽然没有老鹰那样大，但很灵活，能演好，我就支持了。"

谭浩南又补充："如果没有马天乐、张成刚的配合，节目也是演不成的。"

"下面请第二名……"说到这儿中队长忽然停顿了一下，"我个人觉得《荷花》比《会摇尾巴的狼》演得更好，虽然他们最终得票少了两票。你们怎么看？"

见大家点头，中队长请参演《荷花》的几位队员上来发言。徐雪笑盈盈地说："老师给我们上这一课时讲得特别生动，我们理解了，这是能演好的主要原因。"

沈功玲问："今天排戏的时候，谁是导演？"

队员们嚷起来：

"我们是合作导演的。"

"排练时间短，演时心里慌，还有遗漏的，向大家道歉。"

中队长对没评上奖的小队也一一鼓励一番，指出哪些地方也值得大家学习。最后，她请段伯伯讲话。

段镇首先赞扬中队长领导得好，然后送全中队一副对联。左联是"勇敢、创造"，右联是"团结、合作"，横批是"小小主人公"。

这"小小主人公"是对三甲中队的评价，也是对整个一师附小少先队的自动创造精神的评价。

一师附小的少先队员征服了调查组的大人们。后来，经过著名少先队工作专家、中国青年政治学院韩振东副教授等人的大力推广，即兴式队会风行全国，而源头就在一师附小。

吃午饭的时候，大家纷纷称赞倪校长和辅导员谢咏，还有人提到了杜威的儿童中心论。

倪谷音说："一师附小的创始人陈鹤琴先生，就是杜威的学生嘛。"

"杜威？不是被批判了吗？"有人担心起来。

倪谷音笑笑，说："段伯伯是理论家，请他说说杜威。"

段镇清了清嗓子，说："杜威是进步的教育家，所以才能对他的中国学生陶行知、陈鹤琴产生积极的影响。陈先生不是也遭到批判吗？但乌云是遮不住真理的光辉的。"

"你讲讲杜威的儿童观吧。"倪谷音建议。

段镇略一思索，说："杜威的儿童观是从人的社会性与自然性两者结合上来看待儿童。他认为，教育就是人类天性能力的正常生长，儿童自己的本能和能力是一切教育的起点。他批评旧教育的弊病在于学校的重心在儿童之外，在教师、教科书中，唯独不在儿童的本能和行动之中。因此，他指出教育改革要把重心转移到儿童方面来，'儿童是中心'，'教育的一切措施则围绕着他转动'，如不管儿童的能力和需要，加以拔苗助长，就是一种'自杀政策'。"

听到这里，沈功玲惊叹道："段伯伯的脑袋是电脑吗，怎么记得这么清楚？"

段镇笑了一下，说："我欣赏杜威的儿童中心论，因为它合乎教育规律，少先队也要以少先队员为中心。一师附小的成功同样在于以学生为中心，让孩子当主人！"

# *15* 小队委员会

理论的魅力之一在于对实践的穿透力。

当段镇总结出少先队自动化，并上升到理论高度，自动化小队犹如雨后春笋般纷纷冒出来。

动力有时也会变成压力。虹口区第三中心小学四（1）中队的小队长应军，正体验着这种痛苦的滋味，连觉也睡不着了。

全中队四个小队，只剩下应军小队不是自动化小队，应军怎么能没有压力呢？

队员们也像打了败仗的兵一样，一个个垂头丧气，牢骚满腹。他们抱怨说：

"都怪我们的小队长没能耐！"

"想搞自动化，先要撤了小队长！"

"我参加别的小队算啦！"

"逃到别的小队，照样丢人！"

…………

每一句抱怨的话，应军都听见了，就像一把把刀子扎在他的心里。其实，他何尝不想自己的小队成为自动化小队呢？只恨自己办法少，不知道该做些什么。

应军是个工作认真负责、肯热心帮助人的小队长，希望一切都好好的。可是，"自动化"来了，人家的小队都一下子变出很多新花样，应军却一时反应不过来，落在了其他小队后面。

听黎老师说，应军急得睡不着觉了。一天，沈功玲碰到应军，好奇地问道："应军哪，听说你天天都在想将小队搞成'自动化'，想得睡觉也睡不着了，是吗?"

"不是的，我天天想，可想着想着就睡着了。"应军沮丧地回答。

沈功玲鼓励道："众人拾柴火焰高啊，找大伙商量商量啊。"

第二天早上，应军兴高采烈地来上学了。队员们瞧见他自信的样子，纷纷来问：

"小队长，有主意了吗?"

"小队长，咱怎么办?"

应军挥挥小拳头，回答："我有主意啦，放学后咱们马上召开小队全体会议，当场决定。"

放学后，不甘落后的队员们个个喜形于色，围拢在小队长身边。

应军先咳嗽了几声，说："昨晚，我想了半夜，想出一个别的小队都没有的主意。"

"什么高招儿?"队员们兴奋起来。

"充分发挥每个队员的主人作用，成立一个小队委员会!"

应军说罢，却见大家眼睛里的亮光消失了。他们一个个直撇嘴，说："啊呀，就这么个馊主意呀!"

"谁听说过有小队委员会呀?"

应军生气了，大声说道："你们说我没能耐，我一个人是不行，可大家有能耐呀!你看书多能写作，你会小制作，你球踢得好，你爱唱歌……假如你们分别担任小队的宣传委员、科技委员、体育委员、文艺委员，咱小队的各项活动不就搞上去了吗?"

队员们见小队长一一点出了他们各自的特长，又说得那么有道理，态度一下变了。12个委员在推荐与自荐的基础上产生了。他们纷纷建议说：

"咱们来点创造，别跟大队、中队那样叫什么委员，起个外号叫得响亮一点。"

"对，宣传委员叫'啦啦队长'！"

"体育委员叫'小老虎'！"

"卫生委员叫'小白鸽'！"

"劳动委员叫'小蜜蜂'！"

"纪律委员叫'大雁'！"

…………

12个队员人人有了岗位，小队一下子活跃起来，让其他小队刮目相看。

他们有的联系父母的单位去参观，有的组织排练节目，有的负责上学放学交通安全，有的发布小队快讯，有的管理小队财务……

段镇听说了应军小队的变化，马上赶来祝贺，说："你们这是了不起的创造！据我所知，你们可能是全中国少先队第一个小队委员会，值得其他小队学习。"

于是，应军小队不但成了自动化小队，而且成了自动化标兵小队。许多小队前来找应军学习经验，也成立了小队委员会。

不过，沈功玲耳朵尖，在参加某小队成立小队委员会的会上，听见一个男队员在一旁轻轻嘀咕，说："哼，现在倒好，人人头上都有了 顶官帽子。"

沈功玲诧异地问："你在说什么？"

那名队员说："对不起，沈老师，我不是有意要泼冷水。我想起我们中队选举中队委员时，比这还隆重，还高兴呢，可过了没几天，选上的队长与普通队员差不多了，背着书包上学，背着书包回家，什么作用也不发挥，空戴一项官帽子。"

沈功玲说："你这个意见很重要，为什么不大声说出来？如果少先队培养出来的干部都是戴了帽子不干事的，沈老师可要负历史责任。请你帮助我想想，怎么来解决这个问题。"

几天后，那名队员来请段镇和沈功玲去参加他们的小队会，内容暂时保密。两位大朋友去了才发现，小队会的主题在黑板上写着——戴帽子与挑担子。

小队会开得非常好，每个队员都采用了一种形式，或是画漫画，或是表演小品，具体地表述了自己戴的是什么帽子，挑的是什么担子。其中有一幅漫画是讽刺性的：老师指派中队长，中队长指派小队长，小队长指派队员，队员又互相推诿，结果谁也没干。

段镇向队员要来了这幅漫画，压在自己办公桌的玻璃板下，保存了好多年。这幅画使他常常思考队干部的培养问题。

后来，他在《小干部队伍的民主化建设》一文中写道：

在推进素质教育中，要充分发挥少先队的组织作用。发挥组织作用就得加强组织建设，而少先队各级干部是组织机器的关键部件。

少先队的小干部是一支庞大的队伍，按照队章规定的建制，根据需要设立大队和中队委员会，小队设正副队长各1名。以一个中队有7个小队计，每中队就有小队长14名，加上9名中队委员，中、小队干部共有23名。若一个中队有队员50名，那么队干部就占队员总数的40%，比重是很高的。以此类推，全国现有少先队员一亿三千万，队干部就有5000万，其人数相当于英国或法国人口的总数！

少先队小干部是少先队大、中、小队各级组织的核心与骨干，在各级组织中起着带领队员群众搞活动、学自治、求进步的作用。提高小干部的素质，发挥小干部的作用，是小干部队伍建设的首要任务，也是发挥整个组织作用的关键环节。

针对一些地方流行简单化地搞"轮流当队干部"的倾向，段镇认为这是"大锅饭"做法的新版本，并不能从根本上解决队干部队伍的建设问题。他主张应抓住民主化建设这个关键，他写道：

民主、进步从少先队里开始。小干部队伍建设要重点把握四个环节：民主选优，民主育优，民主评干，民主换届。

1. 要把好小干部的源头关：民主选优

少先队是少先队员自主性和自治性的群众团体，它的各级领导干部不应由成人领导任命或指定，而应由全体队员民主选举产生。通过一年一度的改选，让大家把自己最喜欢、最信得过的人选出来当自己的小领袖。不讲民主、不选优，少先队就没有威信，就起不了作用。

选优要有导向，首先要有合理的择优标准，既以身作则又能团结大家，热心服务又能带动大家求进步。要按干部条件选，不是谁想当队长就让他当队长，或是无条件地轮流当队长；当然也不要苛求，不一定非要"三好""全优"，没有一点缺点，门门功课都是优。教师、辅导员要特别注意端正推优观点，不能片面强调高分、听话，帮老师严厉管同学，否则只能导致队员被迫选出自己不喜欢的"小官僚"，助长队长高人一等的优越感和"当官意识"。

2. 要把好教育关：民主育优

对小干部的教育，要重视民主训练，树立为队员服务、向队员负责的"小公仆"思想，做队员群众满意的"小公务员"；学会民主管理、民主办事，有事和群众商量，团结大家一起干；养成虚心向群众学习，经常倾听群众意见的民主好作风。

3. 要把好监督关：民主评干

任何一个原本优秀的干部，如果没有群众监督和自我监督，都有可能落后或犯错误。为此，要实行对队干部的民主评议制度。自觉接受队员的民主监督，是小干部健康成长的保证。

4. 要把好"让贤"关：民主换届

大、中、小队干部一年一次的换届改选，是搞活干部体制，普及民主教育的重大组织措施。换届过程有新老交替，毕业班的老队长让给弟妹班的新干部，现职干部让给更贤能的人，这里存在着民主的自然轮换。老的队干部中表现突出，因工作需要而又为大家积极拥护的人可以连选连任。初中、小学干部连任一般只有两年、三年，不要硬性规定队干部任期只能一年或硬性规定"上岗下岗"比例，这既不符合民主选优原则，也不利于队集体发展的连续性和稳定性，更不利于管理人才、专业人才的早期开发和培养。

"自动化"活动好似一部强劲的发动机，不断地制造出新鲜的故事。

四（1）中队荣获"自动化中队"仅仅一周，沈功玲便接到报告：小队长薛峰偷东西了！

"薛峰偷东西？"沈功玲瞪大了眼睛，怎么会发生这种事呢？薛峰是一贯助人为乐的好队长呀！

她急忙赶到四（1）中队来见薛峰，问道："薛峰，你是偷东西了吗？"

谁知，泪眼汪汪的薛峰竟然羞愧地点点头。

"你呀！"沈功玲真是气坏了，但她使劲克制住自己，说，"你好好反省一下吧，自动化小队的队长，怎么能干这种事？"

队员们也都十分生气，纷纷嚷着：

"还是小队长呢，哼！"

"撤了他！"

"谁也不许给小队抹黑!"

中午放学,同学们都回家了,沈功玲不放心,又去教室看看,她在窗外发现薛峰一边擦着眼泪,一边在黑板上写着什么。

沈功玲走进教室,看清了薛峰写的字:

　　今天下午放学后,四(1)一小队留下开会,会议重要,不得缺席。

沈功玲的心一下子被震动了,这分明是他在召集队员为他开民主生活会。以前,小队队员犯错误,他用这样的方式依靠集体予以帮助。今天,自己犯了错,也不例外,同样要接受组织的批评与帮助。多么可贵的一种民主精神呀!沈功玲后悔刚才那样粗暴地训斥他,而且情况还没详细地了解清楚。她刚把手放在薛峰的脑袋上,薛峰就哇的一声哭了出来。不一会儿,他哽哽咽咽地讲述了事情的经过。

昨天傍晚放学回家的路上,天气十分炎热。薛峰与宋军一起走进一家商店,喊:"阿姨,我们买棒冰。"

售货员阿姨只顾与熟人聊天,没搭理薛峰,连头也不回。薛峰见柜台上摆满了商品,说:"瞧这售货员,一点都不负责任,要是来了小偷,她也不知道!"说着,他将瓶盖打开,拿了一颗怪味豆丢进了自己嘴里,那售货员阿姨果然毫不知觉。同伴叫道:"哟,薛峰你偷东西吃了。""你不要说出去。""好。"谁知,今天上午,同伴却当众揭发了他,让他一时有口难辩。

薛峰后悔万分地说:"沈老师,其……其实,我一点都不爱吃怪味豆,我……"

沈功玲如释重负,拍拍小队长的肩膀,问:"你为什么要召开会议呢?"

"我给自动化小队抹了黑，应该接受大家的批评。"

"谁来主持会议？"

"我请中队长代我主持。"

听到这里，沈功玲笑了，说："好主意！我和段伯伯也来听听，你有承认错误的勇敢精神，我们为你助阵！"

忽然，门外有人闪电般地探了一下头，沈功玲认出了是蒋远宏，便把他叫了过来。一问，他竟是在等小队长，要陪他一道回家吃饭。

下午的小队会开得挺感人。薛峰诚恳地做了自我批评，也说了事情的经过。

队员们的批评帮助都十分中肯。

宋军说："你拿了一粒怪味豆，我到处叫'小队长偷东西了'，这不是帮助同学的态度，我向你道歉。你的行为不能算偷东西，但像这样的玩笑不能开，这种试验不能做。你平时有随随便便不够严肃的毛病，发展下去也是不好的。"

阎海说："以前我的学习不好，你帮助了我，使我的成绩提高到及格，以后还要你帮助；但你犯了错，在这一点上我要帮助你。"

…………

蒋远宏还针对小队长的思想顾虑来做工作："我以前犯错误，而且很严重，老师与队员们都没有放弃我。你这一点缺点，只要改了，还是我们的好队长！"

段镇津津有味地听着，不时地为孩子们鼓掌。他在最后说："自动化小队的水平越来越高了。你们不但能创造成绩和荣誉，也能够接受批评吸取教训。队员们像亲兄弟一样团结一致，自主自动向前进，这样的集体什么困难都可以战胜！"

沈功玲也十分激动，说："队员同志们，你们没有给自动化小队抹黑，你们以水晶般的心灵维护了少先队的荣誉！"

# *16* 红领巾理事会

1984 年的春天，段镇经常随身携带一篇文章，不但自己读了多遍，也推荐给别人看，这篇题为《请辅导员不要姓"包"》的文章出自一群少先队干部之手。

由于段镇到处推广自动化，主张让少先队员当少先队的主人，静安区少年宫成立了"红领巾小研究中心"。此举正合段镇之意。句容路小学的彭婕等六所小学的少先队大队长，联名写出的这篇文章，一下子成了上海少先队界的议论话题。

队干部们写道：

辅导员包办代替，队干部成了木偶。有个学校少先队搞"小小运动会"，活动的前两天，辅导员把发言稿和程序都写好交给队干部，让他们在运动会上照样读，照样做。辅导员虽然比队干部写得好，但助长了依赖性，使队干部成了木偶，听凭辅导员操纵，这样队干部也不会满意。我们不愿意当木偶，而想当操纵木偶的演员，更想当木偶的编剧和导演；因为少先队活动是我们自己的活动，我们理应当家做主，自编、自导、自演。

辅导员包办代替，队活动不受欢迎。有个学校少先队搞队报比赛，大队也参加，全校五百多个少先队员参加评比，结果大队报只得了第三名。大队报是辅导员把材料早安排好，再让队干部照抄的，结果不受欢迎。而中队报是队干部自己寻找的材料，很受队员们的欢迎。

在那些日子里，段镇在苦苦思索着，队员们呼吁不要"包"辅导员，那么该以什么样的方式，来让少先队员自己挂帅？1983年，全国少先队科研规划与少先队工作学会会议在广州召开，时任团中央书记处书记胡锦涛对少先队改革提出了要求。

段镇萌发了一个大胆的设想。

"把少先队还给少先队员！"

这是少先队界流传多年的一句名言，却很少引起人们的重视，付诸实施就更加艰难。就连说出这句名言的胡德华，也不得不为此而苦涩地摇头感叹。

段镇在考虑少先队改革之时，愈加珍惜社会主义儿童观——主人观。早在抗日战争时期，毛泽东同志就鼓励孩子们"学习做新中国的新主人"。在段镇看来，以主人观为核心的新儿童观，应当在少先队组织里得到最充分的体现。

自广州会议上听胡锦涛谈少先队改革的思路之后，段镇思索的重点转到如何引导少先队员参与少先队工作的领导决策，这是"把少先队还给少先队员"的关键环节。

1984年4月5日至7日，上海召开第一次少先队工作会议，时任团市委副书记陈海燕做了主题报告《面向新世纪造就新主人》。陈海燕长期从事教育工作，对少先队理论颇有研究，他充分肯定了"少先队自动化运动"，说："五年来，有1000多个大、中、小队被评为市'自动化先进集体'，有500多人被评为市'自动化好队长'。这说明了什么？说明'自动化'使队员们从小学会自己管理自己，自己教育自己，使少先队员成为自己组织的真正主人!"

但是，当段镇提出建立上海少先队委员会或上海少先队总队部时，陈海燕并未马上表态，而是陷入了沉思之中。

15年之后的一个冬天，我与陈海燕一同在北京开会，又谈起了当时的话题。

担任过团中央少年部部长的陈海燕，回忆起往事，心情有些激动，说："段镇是教育改革家，他以解放孩子为己任，对少先队理论做出了不可磨灭的贡献，这几乎是独一无二的。直到今天，在'把少先队还给少先队员'、让孩子当主人方面，也没有人超过段镇。不过，他提出建立独立的市级少先队委员会或总队部，我认为是难以通过的。"

他意味深长地冲我点点头，说："有些好的思想如脱离现实也实现不了，人家会警惕起来：'怎么? 少先队要独立吗?'果然，团市委未同意这一提议。我作为主管领导，建议段镇变通一下，改名为'红领巾理事会'，事情就办成了。段镇主持了这项实验，一直坚持到今天!"

"红领巾理事会管用吗?"

听我似乎怀疑这个机构是花架子，陈海燕严肃起来，说："管大用啦! 孩子的作用不可小瞧! 你想呀，让小孩子参与高层决策，这是多么不容易的事! 我记得，有一次少年部的大人们起草了暑假活动计划，结果被红领巾理事会否决了，大人们只好虚心听取孩子们的意见。你说，这是不是一个了不起的变化?"

1984年4月，共青团上海市委决定：在市、区（县）两级建立由团委少年部带领的，以少先队员为主体的，少先队员自己领导自己、自己管理自己、自己教育自己的自治机构——红领巾理事会。

理事会由同级少先队代表大会选举产生，理事会成员大部分是少先队员，少部分是同少先队工作直接有关的成年人。队员理事中以小学高年级和初中少先队员为主，成年人理事包括同级团委少年工作干部与少年宫少先队活动部部长等。第一届红领巾理事会中队员29人，成人5人，成人约占全体理事的七分之一。以小理事为主，是为了保证队员的民主权利，开会时可让他们无拘无束地发言。

成年人以少先队员的亲密朋友和支持者的身份参加理事会工作，同队员理事的地位完全平等，只有一票的民主权利。但为了体现并便于团的领导，又鉴于孩子需要上学，理事会主席由少年部部长担任。理事会设副主席六人，大多数由少先队员担任。理事会设成人常务秘书长一人，协助主席具体辅导理事会日常工作。

市理事会聘请一名市委领导担任名誉主席，聘请市委书记、市委组织部部长、市委宣传部部长、市政府秘书长、妇联主任、总工会主席、团市委书记、教育局局长、少先队工作学会会长、电影制片厂导演、少年报社总编等担任顾问，形成对孩子们强有力的支持。

红领巾理事会成立后形成了少先队领导体制新结构，具体关系见下图：

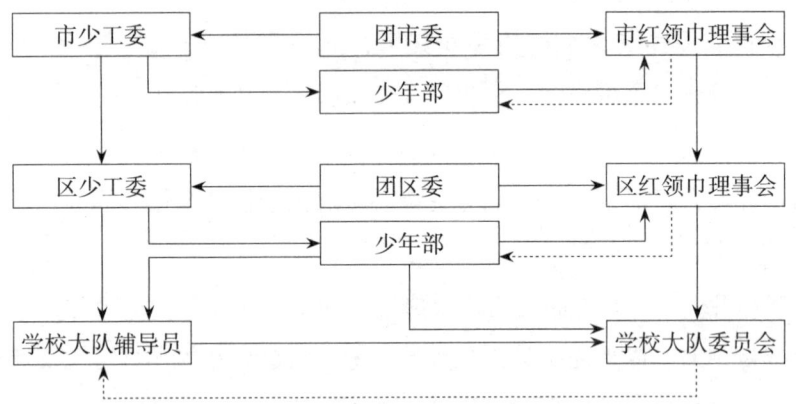

党委托共青团领导少先队；团委经过自己的职能部门少年部实现自己的领导；团委依靠教育部门和社会各方组成研究指导少先队工作的领导机

关——少工委，少年部同时成为少工委的职能部门；团委为体现少先队组织的自主性，建立以少先队员为主体的自治机构——红领巾理事会，少年部同时又成为红领巾理事会的集体辅导和日常工作部门；红领巾理事会又经常为团委少年部规划布置少先队工作提出建设性意见，参与少先队重大工作的决策。（图中虚线表示红领巾理事会、大队委员会对少年部、大队辅导员的反馈、制约作用。）新体制的特点是以共青团为主体，实行大人和小孩的双轨领导。

红领巾理事会的标志是星星火炬和"红理会"三个字组成的臂章及代表市区级别的肩章。市级红领巾理事会肩章有五条金杠，区级肩章有四条金杠，金杠象征责任，多一条杠就多一份为集体服务的责任。为了显示理事会的组织威严，特制了理事服。理事们在举行会议、活动、执行任务时，穿上既有臂章又佩肩章的理事服，特别神气。它起到了特殊的宣传作用，提高了少先队组织的威望。

上海市红领巾理事会成立于1984年6月1日召开的少先队第一次代表大会上。

红领巾理事会的任务是在共青团的领导下，通过少先队的自治系统，负责开展少先队工作。具体任务如下：

一是出主意。民主讨论决定少先队内的大事，人人献计献策，创造性地将工作搞得更好。

例如，队内实行"三星队员"制。团市委提出这一设想，就让红领巾理事会参与讨论，因为这是少先队内一项新的制度，一次重大改革。理事会的讨论补充了成人研究时的许多不足，好的主意均被采纳。最后的决议草案，也由他们执笔起草，并由他们出面提交少先队代表大会讨论通过。

二是通信息（孩子们称"架桥梁"）。理事会经常把广大少先队员的意见、要求、兴趣、爱好以及学校少先队工作的情况反映上来；同时把上级的计划传达下去，总结的经验推广开去。

理事会通信息的主要途径有：办队报，市理事会办了《我们一百万》报，区（县）理事会有《蒲公英》报、《卫星》报、《天童》报、《少先队信息》报等；办"小白鸽"通讯社、"小星星"广播节目等；写"女队员的爱好""中学生的苦恼""队活动怎么失败了"等主题的小调查报告，并向共青团、少先队提供咨询；开区、县队长或大队长联席会议；搞通信联系，有情况写信向少年部同志反映；组织区、县理事会之间的横向联谊、横向交流。

三是搞活动。发起和组织全市性活动和会议。

理事会成立以来，发起和组织的颇有影响的活动有：每年的六一活动、建队日活动、夏令营活动、教师节活动、少年创新家活动、少年儿童大世界活动、十佳优秀青年辅导员评选活动等。理事会还为20多万小干部举办队长学校，为全市少先队员举办"三星队校"等。

四是做宣传。代表少先队的利益，同社会各方联络，争取全党全社会的关心与资助；通过电台、电视台、报刊向广大少先队员做宣传报告。

理事会经常结合工作、活动，向学校、社会各方宣传少先队。比较成功的有：在中学少先队工作会议上设少年论坛；到师范学校向未来的老师、辅导员讲课；每年给为少先队做出创造性贡献的单位发奖；派代表参加少先队工作学会举办的"创造性活动"研讨会，成立小研究中心，写小文章向校长、老师、父母、少先队员宣讲。小研究文章有的登在大人的刊物《少先队研究》和《少先队工作学会简讯》上，如《家长，请您支持孩子参加队活动——谈谈搞活动与学习之间的关系》《我们心目中的辅导员》《论少先队员的意志》等。

或许可以说，红领巾理事会的成立，改变了少先队工作的领导决策机制，具有深远的意义，值得人们思考。

我曾问起理事会否定少年部意见的事情，段镇笑眯眯地回忆起来，说："红领巾理事会成立不久，暑假就要来了。当时，少年部的同志先提了一个'闪光行动'方案，可是经理事会的小主席们一讨论，就给推翻了。他们认为少年部的方案是命令式的，太老一套了，要求把它改为'寻找闪光的道路'。理由是：我们的计划不是由上面来规定该这样该那样的，要让少先队员们自己动脑筋。到了理事会全体会议，'道路'又被大家推翻了，变成了'秘密'。临表决时，又有人提出要把'秘密'改成'奥秘'，就是比秘密更深的秘密。又有人建议，要将'寻找'改成'探索'，因为奥秘不能'寻找'。最后一致通过'探索闪光的奥秘'。那么探索哪些奥秘呢？有的主张什么都不讲，全让队员自己探索，但多数人主张还是要提供方向。于是，大家七嘴八舌，提出了探索的内容，要探索'智慧之光''勤巧之光''心灵之光''快乐之光'。可要决定时，又有理事提出，假期还应坚持体育锻炼，搞点艺术活动，而且闪光要'五光十色'，于是又加了'健美之光'。这个新颖、独特的暑假计划就这样通过理事们充分的民主讨论创造出来了。"

讲到这里，他忽然大笑起来，说："我是红领巾理事会的发起人，但我的建议也被小理事们否定过。"

原来，理事会办的队报《我们一百万》这个名称，也是通过理事会民主讨论定下来的。理事会首先否定了少年部提出的"红领巾信息报"这一名称，认为现在"信息报"太多了，不新鲜。他们发动大家想了70多个名字，春花、萌芽、少年之鹰、浦江小浪花……可又都不满意。

后来，王勤和黄佩玉两个小理事提出了一个出乎意料的想法："上海有一百万少先队员，报名是不是就叫'我们一百万'？过去百万雄师过大江，很有气派，现在我们一百万少先队员也是一支浩浩荡荡的队伍。"

段镇作为理事会的顾问，微微皱起了眉头，说："'我们一百万'不像报纸名称，人家听起来会有点怪，还可能影响报纸的发行，还是改一个名称好啊。"

小理事彭婕说："那还是用'上海红领巾'好！"

奇怪的是，大部分小理事都赞成叫"我们一百万"，说怪一点就是好。争执不下，主席提请表决，结果32票同意，只有彭婕不举手。段镇和彭婕两人的意见被否决了。

# 17 乡下来的小姑娘

几乎没有人想到，上海第一届红领巾理事会的几名小主席中，有一名乡下小姑娘，她后来成了大名鼎鼎的主角。

这个结果，连张炼红本人也未想到。

张炼红是川沙县（今属浦东新区）城厢镇小学（今观澜小学）六年级学生，少先队大队长。一个偶然的原因，学校得到一个市红领巾理事会的理事候选人名额。起初，学校不想给张炼红，因为她虽然素质优良，还主持过县里的少先队代表大会，可马上就要毕业了。然而，在最后一刻，学校还是把这个不可多得的机会给了她。

张炼红是1971年3月出生的。父母都是初中毕业生，在那个特殊年代里不甘平庸，种水稻种棉花比别人种得好。结果，父亲当了植物保护员，后进乡镇企业当了厂长。母亲种田的同时，还在攻读大专。父母的高追求，对女儿产生了潜移默化的影响。

张家离东海仅半小时的路程，既有海滨的开阔景致，也不乏小桥流水的农家风光。长大后的张炼红回忆起来，对家乡最深的感受是宁静，而宁静也成了她最突出的性情。

1984年5月，老师送张炼红来到了市少年宫，参加红领巾理事会的选举。说真心话，张炼红很紧张。试想，许多重点中小学都推荐了理事候选人，个个成绩优异，人人活跃异常。相比之下，张炼红似乎显得有些底气不足。

她后来回忆说："刚去市里时，压力很大。感觉别人瞧不起我，根本不把我当回事儿，我回家来总哭鼻子。后来，我做出了成绩，才让大家服气了。让我特别感动的是，段伯伯对所有的孩子一视同仁，给了我许多鼓励，使我大胆地往前走，什么也不怕。"

应当说，段镇对张炼红倒有几分偏爱，因为他知道，如果将一个普通的乡下女孩培养出来，会影响更多的家庭与学校参与少先队活动。

山西少工委主任田桂英邀请段镇等人去五台山讲课，段镇建议带一名少先队员，并让少先队员也讲一课。

做了一辈子少先队工作的田桂英愣了，担心地问："能行？这可是大课，四五百人听啊！"

段镇胸有成竹地回答："你等着听吧，孩子讲课不比大人差！"

谁也未料到，段镇挑中的小老师就是张炼红。

穿着一身红领巾理事服的张炼红，自信而神气地登上讲台，用45分钟时间，做了"我们心中的辅导员"专题讲演，大获成功。辅导员们不但热烈鼓掌，还执意邀请她绕场一周，让大家看个真切。

一天晚上，天已经黑了，段镇心血来潮，要夜上五台山。他问张炼红敢不敢去，张炼红回答："段伯伯敢去，我就敢去！"

于是，晚上7点半，在一名当地辅导员的带领下，他们登上了五台山，还进古庙访问了老和尚。下山时，已是伸手不见五指。50多岁的段镇搀着10多岁的张炼红，一步一步往山下走。这件事给张炼红留下极深的印象，她的胆子渐渐大了起来。

1984年7月，中国少年先锋队队员和辅导员代表大会在北京召开。团中央少年部特邀上海红领巾理事会派代表出席。在段镇的建议下，上海选派张炼红为代表。

当时，胡耀邦等党和国家领导人准备在北戴河接见部分队员代表，使少代会的热烈气氛达到了高潮。

对于张炼红来说，来北京是头一回，见中央领导人更是头一回。最让她夜不能寐的是，大会邀请她见领导人时做简短发言。

前一天晚上，张炼红忐忑不安，饭也吃不下了，一心要写一篇合适的发言稿。令她万万料想不到的是，段伯伯发话了："不必写稿子，见了领导人有什么说什么，自然大方一些就行了。"

张炼红一听更不知所措了，问："可我讲什么呀？"

"讲你最想讲的事情呀，譬如讲红领巾理事会，讲你们办报，什么都可以的。"段镇显得十分轻松和坦然。

晚上，张炼红又来找段镇了，说："段伯伯，我想好讲什么了，为了避免出错，我先讲给您听听，您帮我把把关。"

"把什么关？童言无忌嘛，不要听什么试讲。"段镇摸摸小姑娘的头，说，"你好好玩吧，不必想这件事，明天准会成功的。"

大会上，当主持人介绍到张炼红时，她大声说了起来："这次我代表上海市红领巾理事会参会。在今年6月1日的市少代会上，我们成立了上海市红领巾理事会。我们常想，爷爷奶奶们十三四岁就参加革命，办报纸，建立儿童团，什么事都干，我们现在要做革命事业的接班人，就要向爷爷奶奶们学习，要勇敢地肩负起建设祖国、创造世界的重担。"

与会的中央领导同志们都为她热烈鼓起掌来。

1983年，在广州举行的全国少先队科研规划与少先队工作学会会议上，段镇提出要试办一张由少先队员主编的队报，先从上海开始。这个建议得到大家的热烈赞同并被列入规划。

1985年1月1日，由上海市红领巾理事会编辑的《我们一百万》报正式创刊。这是全国第一份由少先队员自己当家做主、自己写、自己编、自己看的队报。与此同时，红领巾通讯社也成立了。14岁的张炼红担任了

第一任主编。

小孩子办报，自然需要成人的辅导。《我们一百万》也配了指导老师。有一天，看看发稿时间紧张，指导老师怕来不及，未经主编终审，直接将稿子发进了工厂。在这名老师看来，让孩子当主编，也许是做做样子，可以不必太认真，只留校样给主编看一眼即可。

谁知，张炼红当主编一丝不苟。她仔细审阅每一篇校样，发现有几篇平庸之作，当即决定撤换稿子。

指导老师吃了一惊，为难地说："稿子已经进了工厂。"

"质量第一嘛，稿子不好进了工厂也要撤回来，重写！"

张炼红一点也不让步，将稿子撤回来，重新改写，一直忙到深夜。

从此，老师们知道了小主编是不含糊的，更加尊重孩子们的意见了。

后来，张炼红被华东师范大学第二附属中学录取。

辉煌的经历成为过去。

进入华师大二附中的张炼红，感受到的是比初进红领巾理事会更大的压力。

作为全国名牌中学，华师大二附中可谓强手如林。他们不仅智力超群，而且多数来自知识分子家庭，一听说张炼红是乡下女孩，有的表示出一种不屑的神情。有时，老师表扬她，有的同学竟发出"嘘"声，使她陷入孤立之中。直到初二，当张炼红的学习成绩稳定在前几名时，她才逐渐被这个群体认可。

张炼红经常与段镇通信。

1988年，段镇荣获上海少年儿童工作最高奖——白玉兰奖。此时，已升入高一的张炼红，从报上获悉这个喜讯，马上给段镇写信表示祝贺。她写道：

平日静坐无事时，我常去看以前的赠言本。那时，各情各境便重现在眼前了。而我最珍爱的，是单独在一个小本子上的您的赠言："张开鹏翅游广宇，炼就金丹饶万友，红梅报春不争春，勉汝甘为孺子牛！"——您，还记得吗？

想想能记住的，也只有您的这几句话了。

虽然，您很久没见到我了，也不会了解我的现状，但是，段伯伯，您应该这么想：张炼红已经长大了。是这样吧？

现在，我越发明白，我是十分喜欢"静"的。静静地看点什么，想点什么，写点什么；抑或是跟同学谈点什么，但那也须是宁静而温馨的。

刚开学时，我从《文汇报》上摘录了这样几句话："她（指宋庆龄）的性格，确实像海一样博大，就其最深层来说，她还是喜欢恬静的生活；她渴望追求一种永恒的波动下的平静境界……"我的心，为之所动，却又不知如何表达。

…………

在一封来信中，张炼红邀请段镇当自己的入党介绍人。段镇热情支持她入党，并受邀参加了审批她入党的支部大会。他还专门写信鼓励张炼红要做改革的先锋，他说："党员要面对复杂的社会。新社会需要我们去改革。"

张炼红回信畅谈了自己对人生的感悟。她写道：

段伯伯：

您好！

我刚收到挂号信，怕您牵挂，回信说一声。

高三的日子也过了一个多礼拜了，还可以。虽然会忙（现今稍空些），但想到是高中最后一年学习了，什么都能应付的。而且，要尽量干得出色些，有味儿些，好在将来的回忆中多一点色彩与情趣。

下周班里可能就有一个同学赴美。他将是第一个远别的同窗五年的同学！这仿佛一个暗示，不久，我们这许多人都得分飞东西，各奔前程。人哪，享受了欢聚，又岂能拒绝离别?!

但愿，世界果真是圆圆的，会有重逢的日子！

但愿，友情能够维系住不得不远飞的风筝！

忽然觉得，人活着，有一两个可牵恋的地方，该是怎样一种幸福啊！比如，在附中校园，我会想那个乡间的家；长假在家，又渴望回归我与朋友们共有的那个校园；乘71路过陕西路时，我会久久地寻视那幢精致的小楼；换了20路、21路，又不由得想象着深深岔道上的那个小房间……真的，段伯伯，有时我颇自豪，或许因为我比别人拥有更多的东西。

这里，有别人给予我的，而更多的是我用心去创造的。

现在，大家都在讨论文理分科问题，明天是家长会。我爸爸妈妈不来了，一是路远、晚间没车，再者，我已明确志愿，家里也不必听取学校的介绍后再商量了。

我想考华师大中文系，这是我进入教师这行的理想途径，华师大中文系在各院校专业中还是有些竞争力的。

大家都在为确定专业志向而兴奋的时候，我却安宁、平静得很。我已经为自己选定了一条路，就只等着自己去走了。

许多次想到，有朝一日，我的同学功成名就的时候，我会不会觉得落寞无味？他、我、她会不会付之一笑，或轻轻地叹息一声？可能会。但我相信那种情状是暂时的，相信我会理解自己。因为，只有我，最理解我自己！

我既已确立了我的人生准则，就不必再以别人的信条衡量自己。每个人眼中的世界是不一样的。每个人的心中又可再创造一个世界，比其他更理想，更令人神往！我要以我的眼光与心力，尽力让我的那个世界美好一些。

平日，我极少跟同学谈这些，只在写信的时候，向一两位说起过。每每写这些，便全然沉浸在一种恬静的境界中，天阴天晴全不在心里了。即便只是"理想"的意境，也使我受益。在尘世中，想来是少不了这样的"理想"的。人不能太"现实"！您说呢？

1992年秋季的一天，当我在华师大中文系见到张炼红时，马上要大学毕业的她，以极平静的心态谈起了往事。

她说："少先队活动一结束，我的生活好像断了层，一切要靠自己去摸索碰撞。同学们觉得我还像个中学生，不适应发展的社会。可我总觉得要守住自己的心灵，总希望自己再坚强一些。应当承认，我的自信心、眼界和能力，都是少先队生活赐予我的。但是，那段生活太热闹了，许多问题未能静下心来思考。我很想与段伯伯深入探讨内心的变化。"

"那么，你是怎样走出孤立困境的？"

听我问及她的转折，张炼红轻轻叹了一口气，说："悄悄地征服呗！我要因为自己的存在，让大家感到愉快。进入初中，我不担任队干部，却协助中队长工作，帮他们策划和筹备，让他们出面。暑假中，我邀请全班同学到我家，一起去东海边看日出，让大家陶醉在大自然中。当然，我的学习成绩越来越好，也是一个重要因素。"

2001年，张炼红从华东师范大学毕业，获文学博士学位。随后，她进入上海社会科学院文学研究所，成为研究员、学术委员会委员，后曾担任现当代研究室副主任、硕士生导师。

# 18

## 唤醒儿童头脑中的"小狮子"

1984年是中国少先队的创造年。

据《上海少先队发展史》记载：

1984年7月，在全国少先队和辅导员代表大会上，邓颖超同志代表党中央向全国少年儿童发出了"未来需要你们去创造"的号召。她要求孩子们继承和发扬中华民族和中国共产党的优良传统，立志改革、立志创造，做富有开拓精神的革命事业接班人，并提出三点希望："树立创造的志向，培养创造的才干，开展创造性的活动。"会后，全国少工委和《中国少年报》《辅导员》杂志联合发起了全国"创造杯"竞赛。

邓颖超的讲演产生了强烈反响，一场规模空前的少先队"创造杯"活动在全国蓬蓬勃勃地展开了。

这一切让段镇备感振奋。

早在30年前的上海少先队夏令营里，在段镇和倪谷音的主持下，已经确立了"创造"的主题。从此，他的探索一直与创造相伴相随。他写了《论创造精神的培养》一文，又与沈功玲合写了《浅论创造性活动及其辅导》。为了借鉴外国的经验，他还重新学起了日语，翻译了《创造是什么？——四十位日本学者的创造观》。

在段镇看来，真正的教育是培养少年儿童的自我教育能力，而新型的自我教育是创造性的，少先队在这方面具有特殊功能。他说，孩子是未来的创造者，有巨大的创造潜能。教育者的神圣使命，就是唤醒儿童头脑中的"小狮子"，并使其变为"大狮子"。但是，自主、自治、自动是创造的前提，必须解放少先队，给队员们自由的天空。

为了激励少先队员们积极参加全国少先队的"创造杯"竞赛，上海市红领巾理事会发起开展"少年创新家"活动，并且设立学习、科技、文学、艺术、体育和少先队工作六个方面的奖项。其中，前100名个人奖项，将以各有关专业领域内著名的大"创新家"命名，例如"少年巴金奖""少年华罗庚奖""少年张乐平奖""少年谈家桢奖"等。该活动旨在展示创新性的集体活动成果，突显富有创造精神的各种人才，让创新落实到人，发挥每个队员的创造性。

在大"创新家"榜样的引领下，孩子们的创新行动全面开展起来。上海市黄浦区北京东路小学六（3）中队三个爱玩石头的男孩，成立了"小石头古生物研究所"，被上海自然博物馆的工作人员视为古生物学家王伯伯的"小研究员"，还获得可以自由进入博物馆的特别待遇。三个男孩积累了很多资料和图片，还省下零用钱买了显微镜等仪器，自己动手做标本，甚至把古生物学家请到学校举办讲座，一时轰动了校园。三个"小研究员"在探索的过程中，懂得了学好基础知识的重要性，更加努力学习。在上海市庆六一表彰大会上，他们被授予"少年谈家桢奖"。出席大会的谈家桢教授发现，那位"王伯伯"正是自己的学生，而他又带出三个获奖"小研究员"，老人家特别开心。

2019年6月，我和曾经担任黄浦区少先队总辅导员的沈建华老师相见。已经79岁的沈老师谈起她在北京东路小学蹲点的经历，依然心潮澎湃。她说：

　　解放孩子是少先队的灵魂，所以段镇总是倡导少先队员做主人，他积极推动"少年创新家"活动，还倡导兴办"少先队活动"，因为这是解放孩子的有效途径。三年级的女队员张泉灵担任了学校红领巾广播站的站长，她参加黄浦区"红领巾小事业家协会"，生动地介绍学校的"小石头古生物研究所"等七项小事业，引起广泛关注。她还创办了"小百灵故事团"，为低年级小同学讲故事，可受欢迎了。她还当选为上海市红领巾理事会的理事，负责许多主持和宣传工作。后来，张泉灵成了央视的著名主持人。

在《永远飘扬的红领巾：我们都从少先队中走来》一书里，有张泉灵对少先队生活的深情回忆：

　　那段在少先队组织的时光对我的一生影响重大。当时老师很放得开手，什么事都可以让队员亲力亲为，因此，我的动手能力、组织能力、活动能力等许许多多潜能都在少先队这个平台上得到充分展现和锻炼，而且当时父母对孩子的期望值不是很高，不会逼着孩子去学奥数、钢琴，或者参加某一个活动非要得奖，得名次什么的。我所有参加的活动都是我真心喜欢的。例如，去区少年宫学跳舞，参加市少年宫戏剧队，参加故事比赛，真正做到了童年时代没有被浪费。
　　…………
　　小时候并没有想到我会成为一名知名的主持人，当时我的梦想真的很多……
　　……当主持人与其说是我的梦想，不如说是我的特长，那时候我随机说话的能力就特别好，而且学校给了我很多当主持人的机会，因此主持人我一直当得很习惯，很自然。

采写张泉灵事迹的作者写道：

> 童年时梦想往往是不清晰的，不固定的，但绝对不是没有用的。童年是一个梦想选择和能力积累的过程，只有当一个人的潜能积聚到一定程度，才能指导真正的职业理想，在理想中厚积薄发。

少先队的创新性活动不仅培养了许多人才苗子，也引发了制度性的变革。

1984 年的秋天，上海市普陀区华阴路小学（今华阴小学）隆重召开了首届少先队代表大会。会议开得十分热烈，小代表们认真履行自己的职责，一个个争着登上讲台，发表意见，提出提案。五年级的丁炜代表站起来说："……我们的队活动不应当什么都由老师、辅导员来计划和包办。我们不能没有自主的权利。我们希望有更多发表意见和施展才能的机会，光有课堂上发言、一周一次的队活动是不够的。我建议，学校给我们一个完全由我们自己安排、自己主持的队活动时间，每天给五分钟或者十分钟。"

这一提案讲出了全体队员的心愿，得到了全体辅导员、老师的支持。校领导非常重视这份提案，很快就做出决定，把"五分钟队会"安排在课程表里。

这是一个全新的试验，自然经历了由混乱到有序、由幼稚到成熟的发展过程。八年后的秋天，我曾专门到华阴路小学考察，校长贺秀菊和师生们深情回忆了最初的那些故事。

贺校长先后曾任幼儿园园长、小学教师，1972 年来到华阴路小学。她欣赏段镇的少先队教育思想，支持孩子们自主、自治、自动。所以，当少先队员丁炜提出独立开展少先队活动的要求时，她当即同意每天给队员们五分钟时间。

按照当时的设想，每天下午上课之前的五分钟，完全交给少先队组织，由他们发动队员自己设计和主持，教师们一律不参与，也不干涉。不料，许多问题一下子冒了出来，孩子们一时不知所措。

有的中队乱成一团。平时开队会，有威严的老师在，谁也不敢乱说乱动。眼下，老师不在场，许多队员调皮捣蛋的心性释放出来了。有的中队设计了很好的队会内容，可是队员头一回担任主持人，没有主持经验，紧张得全身发抖，连话也讲不明白，底下便哄闹了起来。有的中队设计不出受欢迎的队会内容，总是搞学习竞赛，引起队员们的反感。

面对这样的局面，有些队干部盼着老师回来压住阵脚。有些老师则发起了牢骚，说："孩子咱也尊重了，怎么样？还不是乱成一锅粥！"有的老师干脆向校长提议，废止这项"试验"。

贺校长却沉住了气。

当时，普陀区团委的少年部部长陈建强、区少年宫主任陈夏娟等人常来华阴路小学，均表示支持"五分钟队会"的试验，并认为这可能是一项了不起的创造。他们建议贺校长去拜访段镇。

贺校长回忆说："我是一名普通的小学校长，段伯伯是'老革命'，又是社会科学院的大专家，隔着十万八千里呢！没想到，段伯伯非常热情，邀请我去他家里详谈，还留我吃饭。啊呀，这可是我头一回在领导家里吃饭！"

凡是到段镇家吃过饭的人都知道，李蕙芳老师擅长做一种叫"蟹粉蛋"的菜，即把普普通通的鸡蛋做成有螃蟹鲜味的菜。这在20世纪80年代的上海家庭里大受欢迎。如果是冬夜，李老师还会为客人温一壶女儿红之类的加饭酒，配上蟹粉蛋，那味道就更令人难忘了。

听了贺校长的介绍，段镇立刻意识到，这可能是少先队自动化的又一个创造活动，而且是让更多孩子成为少先队主人的一种有效方法。他笑着说："小孩子犯错误很正常嘛！犯了错误改正错误，再犯错误再改正错误，小孩子就慢慢长大了，谁不是这样呢？"

贺校长点点头，回答："我也是这样想。小孩子为什么不会动呢？是束缚得太久了，缺乏自动的锻炼，所以才不会自动嘛！"

"说得好极了！"段镇大加赞扬，说，"过去不自动，现在不会动；童年不自动，长大更被动。这是一个规律。"

说罢，他拿出几本书送给贺校长，大都是关于自我教育和创造教育一类的内容。他又说："引导孩子学会创造是非常必要的。但是，有几个问题要特别注意，不要从成人的观点看儿童的创造，不要按成人的标准来苛求儿童的创造，也不要用成人的意图来代替儿童的创造，还不要用活动的创造来代替创造的活动。"

贺校长疑惑地问："可是，有些杂志上登一些队活动设计，还有人专门策划少先队活动，并且有可能成为获大奖的活动，这是怎么回事呢？"

段镇一下子严肃起来，回道："一位老领导一针见血地指出过：获奖多的地方也可能是问题多的地方。红领巾理事会的小主席张炼红也说，少先队活动一要新，二要正。什么是正？让少先队员当主人才是正！"

接下来，华阴路小学出现了新气象。

在贺校长的支持下，"五分钟队会"改为"十分钟队会"；少先队大队开展了"十分钟队会设计评比""队会主持人评比"等一系列活动，还在各中队成立队会研究小组，在大队设立指挥中心等。一系列有效措施加上辅导员们的精心指导，使"十分钟队会"成了队员们每天的快乐时光。

五（2）中队的朱文峥设计、主持了"三角梦"队会。她写道：

在一次"十分钟队会"的准备会上，三人小组的一名队员，希望我再主持一次跟四年级时一样的"画一画、说一说"之类的"十分钟队会"。我想：上学期我们画的是圆，这学期，我们来画三角形吧。三角形是一种几何图形，它富有创造性、梦幻性、浪漫性。于是我就准备搞一个"三角梦"的"十分钟队会"。

"十分钟队会"时间到了，我在教室的讲台前对大家说："三角形是一种几何图形，它富有创造力和想象力，所以今天我们来搞一个'三角梦'的队会。第一项规定，同学们在三角形上添上几笔，成为图案生动、有意义的图画。然后再说一说创造的构思与意图。谁愿意来呀？"几个大胆的同学轻快地走上来。有一个同学看见黑板上的四个三角形，眨巴眨巴眼睛，灵机一动："有了！"唰唰唰几笔就完成了一幅画。当我问他构思时，他胸有成竹地对同学们说："我看了这四个三角形后，想到了我们在马路上最常见的大树，于是加上这几笔，四棵大树就画成了。"只见他一边说着，一边比画着。

另一个同学自告奋勇地对大家说："你们看，我画得好吗？"我看到他画的一个小图，连声叫好。原来他在一个大三角形和一个小三角形中加了几笔，画成了一条惟妙惟肖的小热带鱼。我问同学们："他构思得好不好？"同学们都热烈地鼓起掌来。还有几个同学上来，画了自己的想象画，有用两个三角形构成风帆的帆船，有金字塔，有宝石花，有喷气式火箭……大家进入了幻想的梦境。

六（2）中队的高蕾设计、主持了"削苹果比赛"队会。她写道：

我们班有些同学在家里从来不削苹果，都要爸爸妈妈为他们"服务"。有些人虽然会削，最后还得依赖父母。另一些人不但会削苹果，而且削好了还敬送给长辈们。为了使大家都学会削苹果，做到自己的事情自己做，我们中队搞了一个"削苹果比赛"的队活动。

那次"十分钟队会"，我们每个同学都带了水果刀和一个苹果。

主持人宣布说："今天削苹果比赛的要求：一是苹果皮要削得薄，不能把肉也一齐削掉；二是削下来的苹果皮要连在一起；三是苹果皮最多削五圈，看谁削得又快又好。下面请同学们做准备工作。"过了一会儿，主持人一声令下，同学们的刀就一齐落了下去。看，王忆同学削的苹果皮一截截往下落，半个苹果还没削完，掉下的皮已不知有多少截了。唐颖同学削苹果就像削山芋，有趣极了，苹果皮连肉一起一截一截地往下落。这时，有一个同学叫起来："我好了。"原来是史柯奇。我们看他的苹果，本来挺大，被他一削，苹果肉已经所剩无几了。接着，袁树春和高蕾也削好了。最后同学们一致选出这次比赛的前三名，还把削好的苹果送给了友谊班的小弟弟小妹妹们吃，增进了我们之间的友谊。

在"十分钟队会"中，高年级队员尽享快乐，低年级队员也纷纷展示才能。请看二（1）中队王淑瑾设计、主持的"整理书包大赛"队会。她这样写道：

丁零零，清脆的上课铃响了，预示着同学们喜爱的"十分钟队会"开始了。

今天的队会是什么内容呢？同学们的目光不约而同一齐投向了我。我高兴地对大家说："咱们今天来个'整理书包大赛'，看谁能得到桂冠。""好呀！"同学们高兴起来，争先恐后地举手。我请石斌同学上台介绍。他说："我的书包比较小，东西横着根本放不下，所以我就采取竖放的办法，把书和本子隔开，这样不但放得下，拿起书来也很方便。"说着，他举起书包让大家看。

接着，周文洁举起了她的书包，笑嘻嘻地介绍："我的书包像只小企鹅，它的外形很别致，整理起来也很特别。我在'小企鹅'肚子里放进书，在小口袋里放本子，在它的两只小耳朵里放手帕之类的小东西，在它的红嘴巴里放一个铅笔盒。这样，不仅有条理，而且给人整洁的感觉。"话音刚落，同学中就响起了一片啧啧的赞美声。瞧！人家整理书包，那才叫绝呢！这次比赛的冠军，十有八九是周文洁……

比赛刚结束，大家各抒己见。有的说："把书包整理好，第二天上学就不会丢三落四了。"有的说："每天整理书包，可以帮助我们养成有条不紊的好习惯。"这个"十分钟队会"太有意思了。

三（2）中队的王丽蓉设计、主持了"变形金刚配音赛"队会。她写道：

自从动画片《变形金刚》播出以后，我们班同学都非常喜欢给影片配音。于是，我们就根据大家的爱好，设计了一个"变形金刚配音赛"，让同学们发挥自己的才能。

比赛要求是模仿配音，比谁配得最像。同学们争先恐后地把手举起来，一个个走上了台。同学们都配得很有水平，有的学着"声波"说话的声音，有的模仿"红蜘蛛"……有的配得很像，同学们就拍手欢迎；有的配得不像，大家就忍不住笑了起来。其中蔡炯配得最像，同学们都推选他为优胜者。

在短短的十分钟里，大家既提高了自己的表演能力，又度过了愉快的活动时光。

一天中午，段镇来到了华阴路小学。他观看了六（2）中队王忆、李学铭设计、主持的"森林小法庭"队会，又到四（2）中队观看了董韵设计、主持的"小白鸽点播台"队会。休息时，他问一个男孩子："你们喜欢'十分钟队会'吗?"

那个男孩子竟在地上打了一个滚,回答:"您要是回到我们这个年龄,也会喜欢的。"

"那么,如果有人要取消'十分钟队会'呢?"

听段镇这么一说,孩子们吓了一跳,纷纷围了过来,问道:"谁说的? 这十分钟是我们的,谁也不许占用!"

一个女孩子跑过去指指墙上的一个开关,说:"您看,我们开'十分钟队会',连学校广播都关上了,各中队的都关上了!"

段镇笑了,说:"既然你们这么喜欢'十分钟队会',学校不但不会取消,而且列入了校规进行保护。"

孩子们这才放心地散开了。

当学校领导和老师们听说,由于路远加上堵车,段镇来华阴路小学,途中花了一个小时四十分钟时,都十分感动。

段镇摆摆手,说:"我花十个十分钟来看'十分钟',十分值得!"

华阴路小学创造了少先队界的纪录:这个仅有15个班级的名不见经传的普通小学,在六年中竟举行了一万次自动化的"十分钟队会",同时有一万人次少先队员担任过队会设计者和主持人。在沈功玲、王建军、陈建强等副主编协助下,段镇主编了《自动化十分钟》一书,推广这种富有多重价值的少先队"新产品"。

"自动化十分钟"活动的经验渐渐在全市中小学推广,并又涌现出不少新的创造。中学有"十分钟文化会餐",小学有由小辅导员主持的"十分钟小天地"活动,农村小学乃至只有两个班级的初级小学也搞起了"小小十分钟"。川沙县唐镇中心小学(今唐镇小学)还创造了"十分钟活动"系列,创立"十分钟信息报""十分钟小舞台""十分钟小银行"等。闸北、黄浦等区的少先队还创造了"十分钟小岗位""十分钟俱乐部""十分钟小游戏"等活动。《辅导员》杂志连续两次发表专文推广"自动化十分钟"的经验，引起全国少先队的兴趣和关注。

在段镇主编的《自动化十分钟》一书中，他们分析了此项活动大受欢迎的原因。

自动化十分钟为什么人人喜爱，队队能搞？因为它有四大特点：

第一，简短易搞，十分灵活。

十分钟活动既可以在室内举行，也可以在室外举行，不受场地限制；既可以利用晨会时间，也可以放在中午课前或课间、课后举行，不受时间规定的限制；既可以以中队为单位，也可以以小队或几个人自由结合的小小组为单位，不受规模范围大小的限制。

十分钟活动的内容完全由设计者、主持人根据自己的特长、队员的喜好来自由确定，不受大队计划和学校教学计划的限制，是相对独立和自由的活动。

十分钟活动时间短、内容简单、题目小巧，不用像准备常规队会那样复杂，不需要较高的要求和较长的准备时间，因此就能队队搞，经常搞。

第二，人人自动，十分民主。

这是少先队员人人动、全自动的十分钟，从队会、活动的设计，到主持、组织，从角色的分配，到活动的展开以及评价、总结，全由中小队民主决定，并让人人有参加、表现的机会。正如有的队员说的那样："'十分钟队会'是我们七嘴八舌、七手八脚创造出来的，我们'机会均等'，只要你有一得之见、一技之长，加上自告奋勇，谁都可以得到当设计师、主持人或演员的机会。"

第三，花样翻新，十分有趣。

由于活动是由大家设计、轮流主持的，谁都不愿意老一套，因此，内容、形式天天变化，日日更新。你看，下面是华阴路小学一个班级的"十分钟队会"的"每周广告栏"。

五（3）中队的一周"十分钟队会"安排：

周一：谁是候选人（竞选"讲笑话大王"）

周二：啄木鸟医院门诊日（集体评改病文、病句）

周三："小烦恼"信箱——老犯粗心病怎么办

周四：你知道星空的奥秘吗（介绍星空知识）

周五：到祖国各地去旅行（交流各人到外地旅行时所拍的彩照）

看了以上"节目预告"，哪个队员不盼望这丰富有趣的"十分钟队会"呢？

第四，轻松愉快，十分有益。

自动化十分钟是快快乐乐、自由自在的。这是愉快的游戏，愉快的文化休息，又是愉快的学习，愉快的自我教育和自我管理。少先队有了"十分钟队会"，少先队集体生活更活跃了；少先队员有了"十分钟队会"，德智体美更发展了；老师有了少先队"十分钟队会"，教学教育更顺利了；学校有了少先队"十分钟队会"，使队组织的助手作用更显著了。

# *19*

## "我自岿然不动！"

在外人看来，20世纪80年代的段镇，事业达到了巅峰。从自动化、红领巾理事会到"十分钟队会"，从《少先队教育学》到《少先队研究》，段镇的一系列重大探索，得到全国少先队乃至教育界的广泛认可。作为一个立志献身少先队的人来说，这难道不足以欣慰和骄傲吗？

不，段镇绝不是一个满足现状的人。他担忧社会上不良风气给儿童成长造成影响，也担忧应试教育阻碍了中小学生的发展，他更担忧少先队事业后继无人。

段镇总是乘公共汽车，经常给抱小孩的妇女让座。有一次，他坐火车从上海到常州，也让座，宁肯自己站三个小时。有时，他还动员年轻乘客让座给老年人，可年轻人非但不让，还骂他："瞎起劲，要你管什么？"段镇环视一下车内爆满的乘客，深感悲哀。但是，悲哀并没有使段镇灰心失望。他由此联想到了少先队教育的重要性，更加坚定自己的教育信念。

1984年，中国少年先锋队全国工作委员会成立之后，上海也成立了少工委。段镇在继续担任上海社会科学院青少年研究所所长的同时，兼任上海少工委副主任、《少先队研究》主编等职务。

新上任的团市委少年部副部长王建军，曾是上海县（今属闵行区）梅陇乡的女乡长。这位上海师范学院（今上海师范大学）中文系的毕业生，曾听过段镇的报告，对少先队事业产生了深深的向往之情。此前，她已被调入上海市农委，却又主动要求调入团市委少年部，在段镇和沈功玲的带领下，开展"少年创新家"等创造性队活动。

关于段镇，王建军有太多的回忆。她说："有一次，段伯伯骑着'老坦克'（即儿子的破自行车）来家访。他见我母亲在用橡皮刷子，就借去，说给小朋友讲课时测一下他们的发散性思维。他要求我们成为创造型的人。他是创造大王，连跳舞都创造出新舞步，稀奇古怪，有什么卡通舞、拖地板舞、洗衣舞、秧歌舞，还提倡跳儿童迪斯科。我和沈功玲老师跳舞都是他教会的。

"段伯伯总跟年轻人似的，不服老，也不会老。1985年，我和段伯伯、沈老师去成都开会。我们在游览都江堰时，河滩上有一只破船，那船挺高的，段伯伯非要跳上去试试。去黄山办夏令营时，天都峰有两块隔开的巨石，他也要跳过去试试。"

黎玉（化名）是上海人，从东北师范大学教育心理系毕业之后，到上海社会科学院青少年研究所求职。段镇看了她的入党申请书，有几分心动。黎玉谈她小学时曾担任少先队大队长，受大队辅导员的影响深刻，所以选择了师范类大学。

段镇说："许多年轻人都奔着钱去了，搞少年儿童研究可是清水衙门的活儿，你能干吗？"

"能！"

"能坚持到底？"

"能！"

黎玉的回答非常坚决。

段镇爱才如命，克服了极大的困难，将黎玉调进青少年研究所少年儿童研究室，协助自己写《少先队教育学》。

仅仅一年之后，黎玉突然决定放弃少年儿童研究，坚决要求改行研究青年。

"为什么?"段镇生气地问。他原以为黎玉开始时之所以"志愿"研究少年儿童,只是为了进上海市区,而避开去郊区工作的安排。

不料,黎玉却回答:"现今的教育与社会距离太大,教孩子许多理想的东西,让他们非常善良,可到了社会上却往往吃亏。我们这不是欺骗孩子吗?"

"欺骗孩子?"这句分量极重的话给了段镇沉重一击,他连连发问,"欺骗孩子? 我?"

黎玉沉默了一会儿,又说:"孩子太纯洁了,太容易相信美好的东西,可是我们……"

她圆圆的眼睛望着段镇,不知该怎么说下去了。她了解这位经历非凡的所长,也了解他的献身精神和崇高荣誉,不忍心说出更多的话,只表示"研究儿童不如研究青年有意思"。

研究了一年"青年问题"之后,黎玉又提出去美国留学的请求。这一次,她向所长谈的大都是个人苦恼。

段镇成全了黎玉,他相信只有"志愿者"才能组成"敢死队",人各有志,不能勉强。

黎玉出国后,多次给老所长寄精美的贺卡。在一张贺卡上,黎玉写道:

> 我对不起您,不能与您一起工作下去,但我钦佩您的事业心。您是真正的共产党员,又是勇于探索的学者,我是尊敬您的。

尽管如此,段镇的耳畔经常回响着"欺骗"二字,就像长鸣的警钟。有时候,他觉得黎玉的话虽然尖锐了一点,但对现在的教育脱离现实的问题也不是没有反思之处。

多年来，段镇始终关注着红领巾理事会理事们的发展，并把他们的来信视为珍品精心收藏。

曾任理事会副主席的沈婕在来信中，诉说了心中的迷茫与思索。她写道：

段伯伯：

您好！

这封信拖了很久，因为我不知和您说些什么。过去在您的眼中，我们是孩子（当然，现在仍是），我们之间的话题主要是少先队工作。但，我们是会长大的，接触了很多新事物，学会了用自己的眼光看世界，同时，也有了自己的世界。说实话，我现在对过去所热衷的少先队工作已经不太感兴趣了。所以，当寒假里和现任小理事们聚会时，除了感到他们比当年的自己更活跃、更能干外，也没有更多的体会。

往年，寒假里总要来看看您，可今年没有，说不清为什么。高考之后，人一直很松弛，对很多事都失去了兴趣。暑假这两个月，我一直在思考，想想自己的过去，想想高考的失败，想将来。真的，过去的我实在太顺利了，也太幸运了。无甚才能的我得到了很多机会，锻炼了一番，使得周围的人以为我很不错，也让自己颇以为然。对自己估计过高，必然招致失败。只是这失败太大，使我一下子难以承受。因为我不愿承认自己能力有限，所以总叹息运气不佳。但，总有面对现实的这一天。把思绪理清之后，人也好受了许多。特别是经过半年多的校园生活，我开始重新认识自己，安排自己的将来。尽管现在读的是专科，但两年后毕业，仍可以边工作边念书，而且实践与理论相结合，能使我学得更透彻，掌握得更牢固，未尝不是件好事。

话虽如此，有时仍觉得面子上过不去。和高中同学聊天时，他们说，何必在乎这么多，只要快快乐乐、开开心心就好了。可是，人有时就是不能扔掉这些包袱，尽管沉沉的，好像还是背着踏实。

段伯伯，和您说了这些，是不是有些厌了？我想把我这半年的心路历程告知于您，是想让您知道我们确实长大了。您觉得呢？对过去的那一段经历我很珍惜，因为从中我学到了很多，但我并不留恋，我需要把握的是现在和将来，前面的路才是我所追求的。

我知道，炼红一直都很好，她是个有始有终的人，我想我绝不是那样的人，好像也没考虑过要成为那样的人。

我对外语的兴趣仍旧浓厚，不过，改变了方向，现在在学法语。只会一门外语已很难适应现在这个瞬息万变的社会了，所以，有机会我就想多学点，学无止境嘛！

好了，到此为止。

多保重身体。

理事会另一位副主席吴方闻，也给段镇来过信，谈她升学的坎坷与追求。她写道：

给您写信，我感到很羞愧。多年来，在学校老师、团市委和您的关怀下，我得到了健康的成长。但由于自己努力不足，这次升学考，我以十余分之差未被重点中学录取。我辜负了您和父母的期望，心里很难过。当我想起您曾两次写信推荐我时，心里就更感歉疚。

在羞愧的同时，我也感到气愤和不平，现在的考试太注重分数。在考入重点中学的学生中，有不少全面发展的人才，但更多的是无实际工作能力、只知啃教科书的"孩子"。将来这些人究竟有何用？实在难说。

近日来，我分析了一下自己未能考入重点中学的原因。除自己勤奋不够的主观因素外，客观上主要有两个原因：一是我在××中学求学，这是比较重视学习分数的学校，而我并不喜欢；二是平时我所担负的社会工作锻炼了我的能力，但可能也使我失去了不少复习功课的时间。

在正式录取前，区招办曾来征求我的意见，问我：究竟进医药学校还是进普通高中？段伯伯，我是想多读些书的，因为我看到少年部的几个大姐姐利用业余时间还在读大学。所以，我放弃了中专，决定读高中，争取考上大学，以实现我将来做一名像您一样的少儿工作研究者的理想。如实在不行，设法转到第四师范学习，因为那里有个辅导员大专班。

段伯伯，在我们这些孩子中，您是很爱我的，但也数我最不争气。我真想来看您，当面聆听您的教诲，但又不敢来见您。所以，才给您致上此信。我的想法对不对？请给个时间，让我来您这里，聆听您的教导。


说来也巧。我采访过当少先队员时的沈婕和吴方闻。那是1985年，在全国"创造杯"夏令营里。

吴方闻，高高的个子，鬈曲的短发，浓黑的眉毛，略带褐色的眼睛灵活地转动着。我曾开玩笑说她的表情是"龙飞凤舞"的。当时，她作为《我们一百万》报的记者，想方设法让当年组织强渡大渡河的红军长官杨得志，为上海少先队队长学校题写了校名。这也是杨得志在夏令营中的唯一题字。由此可见吴方闻的机敏果断。

与吴方闻相比，沈婕显得内向文静一些，但工作更细致扎实。她个子比吴方闻矮，整日笑眯眯的。

少年人一碰到挫折常常不知所措，但随着长大会渐渐成熟和从容起来。

吴方闻后来进入上海民航局情报研究室，并兼任东方电视台音乐节目主持人，还专门为段镇献过一支歌。

沈婕毕业于华东师范大学计算机系，会英语和法语，进某外企当了办公室主任。后来，她还独自一人进西藏，寻找纯朴的自然美，回上海举办了摄影展，特邀段镇、沈功玲和王建军去参观。

与老队员的通信交流，不论谈什么或怎么谈，段镇都是愉快的。

20世纪90年代，在其他国家的少先队发生变化之时，中国少先队怎么样呢？段镇自我描述的心态是："我行我素，我自岿然不动！"他认为，中国有共产党的坚强领导，社会正在改革中稳步前进。我们要把队旗举得更高，让它飘得更欢、更红！

下 篇

比海洋宽阔的是天空

比天空宽阔的是心胸

为了下一代的强悍

为了少先队的前程

创新实践登天路

一代巨人初长成

放飞吧

一亿三千万只雏鹰

去搏击新世界的风雨

去奋斗新时代的光荣

# 20

## 自愿组队

"以史为镜,可以知兴替。"

段镇是一个斗士,他在发现目标,他在积蓄力量,他在汲取教训。20世纪90年代初期,他的忧思孕育了新转折与新突破。

自愿组建小队改革如浪潮一样,冲击着上海的每一所中小学,常常成为刺激性的话题。

一天,段镇收到了华坪小学的六个女孩子的来信,介绍她们赛男孩小队的故事。那信的题目——《赛!赛!赛!——赛男孩!》极富动感。她们写道:

> 我们是华坪小学赛男孩小队,您一听我们小队的名称就会明白,我们小队是清一色的女将。
>
> 从懂事以来,就没少听大人们的唠叨:"女孩子就得像女孩子,乱跑乱疯像什么!""女孩子就是比不上男孩子,手脚慢!"看着男孩子无拘无束的劲儿,看着大人们对他们投去赞许宽容的目光,我们在心里暗暗下了决心:努力,一定要胜过男孩子!
>
> 我们六个人自愿组建小队,我们憋着一口气,攒着一股劲,非要做出点成绩,给看不起女孩子的人瞧瞧。

"赛男孩"是我们的奋斗目标，"自信、自强、自立"是我们的座右铭。由于我们目标明确，又有奋斗方向，所以我们能团结一致，共同克服在前进道路上遇到的各种困难。

提口号不难，做起来却并不容易。我们首先在保证小队成员"人人体育达标"上迈出了第一步。

体弱的乔琼，跳远总过不了关。放学后，卞文惠和戴瑾当起了小老师，一遍遍地讲要领，一遍遍地做示范，直到乔琼跃出了令人满意的一跳。文静的赵弋投实心球老不及格，我们也来了个集体攻关。课余时间，大家在桶里装水，提着练臂力。几个月下来，随着桶里的水越装越多，我们的小手臂也渐渐粗壮起来。不用问，赵弋的投球成绩也直线上升。

为了全队体育达标，大家费了不少心，也花了不少时间。这下，爸爸妈妈可就有意见了。他们有的怕面临毕业，我们耽误了功课；有的担心我们身体吃不消。戴瑾的爸爸妈妈还特意找到中队辅导员打小报告呢！

其实，爸爸妈妈不用担心，我们心里自有谱。"赛男孩"的行动目标不仅仅在运动场上，也不仅仅局限在小队之中。我们要通过自己的努力，鼓动女同学，激励男同学，最终在全班形成团结向上、你追我赶的活跃气氛。

可不，我们的体育成绩上去后，男同学可着了慌，尤其是卞文惠、李敏在百米短跑、仰卧起坐等项目中老把男同学甩在后头，惹得他们很不服气。他们也加紧了锻炼，并有针对性地成立了超女孩小队。小胖墩马如一，平时最怕体育锻炼。最近，经不住我们的一再邀请，也加入了我们晨间长跑的队伍。开始几天，他没跑几步就直喘粗气，近来可是大有长进，并开始对体育达标有了信心。

班上掀起了一股运动热。瞧，下课铃响了，大家都往楼下操场跑，打球、跳绳、踢毽子，非闹出一身汗不可。碰到下雨天，我们便想在教室里发起一场场别开生面的竞赛。

记得初建小队时，大人们听到"赛男孩"这个队名，或惊奇，或怀疑，或干脆说我们不自量力。而如今，凡是了解赛男孩小队，了解六（1）中队的人，都会向我们投来赞许的目光。我们和男孩子赛，赛出志气，赛出毅力，也赛出了中队的好风气。我们将坚持不懈地在人生的跑道上和男孩子一直赛下去。亲爱的段伯伯，您会为我们鼓掌喝彩吗？

段镇一向关心女性的解放，特别注重对女孩子的培养。因此，他马上丢掉手上的杂事，给赛男孩小队的女孩子回了信。

他写道：

你们的小队是最可爱的小队，那样有志气，有决心；那样团结友爱，快乐活泼，犹如咧开嘴笑的火红石榴；那样敢于争先创优，力争第一流。我衷心祝贺你们"初战告捷"，我相信你们定能进入小队优化组建竞赛的凯旋门，在六一节再为你们庆功。

从小赛男孩，大起来要赛男子。突破"重男轻女"这封建恶习，争取妇女在未来世界中有更高的地位，争取妇女在心理上、事业上、社会上的彻底解放，冲破一切旧框框对妇女的束缚与自我束缚！

更艰巨的比赛在中学、大学或职业岗位，你们要长期赛，也许要赛一辈子，在赛中进步、成才。

你们的班主任、校长、大队辅导员大都是女性，相信她们都是最热烈支持你们的。但是，主要靠你们自力更生，相互支持。要相信自己，依靠集体，必能获得更大的成功！

向你们表示敬意。致以

崇高的队礼！

段镇伯伯

1992-03-15

段镇的回信给队员们极大的鼓舞。尽管是在面临小学毕业的紧张日子里，赛男孩小队的活动依旧搞得红红火火。

赛男孩小队提到的"自愿组建小队"，正是段镇极力推广的少先队组织改革的重大项目，而这与徐汇区少先队教研员邱从实的执着探索密切相关。

1992年秋天，为了解上海的少先队改革实验，我曾在邱从实家住过大约一个星期，了解到大量激动人心的信息。

邱从实曾是上海复兴中路小学的辅导员，因为理论研究方面成绩突出，被选拔到徐汇区团委，担任了少先队工作教研员。他的女儿邱天，竞选上了上海市红领巾理事会的副主席，还兼任《我们一百万》报记者。妻子冯毅相夫教女，耳濡目染，也成了少先队的热心人。同时，邱家都格外崇敬段镇。

一天晚饭之后，邱从实谈起了对段镇的印象。

他说："讲段镇应讲他的人格。他是一个大写的人，是把生命与事业融合在一起的人，是为事业不怕牺牲一切的人，而且又充满爱心。他爱才，注意发挥人才的潜能，不辞辛苦为人才成长创造良好的条件。

"我们区里召开小队改革研讨会，100多个队员出席，并由队员主持，回答大人的提问。段镇来了，见孩子当了主人，给予高度评价。他提倡平等，重视孩子的意见。

"1989年年初，徐汇区获得上海市少先队工作首创奖。可是，说实在的，那时候少先队自动化体现不出来了。我看到了段镇他们搞的组织心理调查，受到了巨大的震动。于是，我在徐汇区也搞了调查，决定从小队改革入手，从内部机制改革入手……"

从1989年5月到1990年6月，徐汇区在八所中小学进行了小队改革的大胆实验，取得了意想不到的显著效果。

实验的项目与内容有六项：

1. 自愿组队：小队按友谊、志趣、互助互补和居住地区相近等原则，由队员自愿组建。

2. 民主选干：让队员享有民主参与的权利，人人都有在小队长岗位上站一站、试一试、学一学的锻炼机会，同时要充分发挥常任队长（正小队长）"传、帮、带"的作用。

3. 建职立位：让每个队员都能根据自己的意愿和特长，确立自己在小队集体中的服务岗位。

4. 队务建设：建立小队的"小家务"和活动的"小阵地"。

5. 按需活动：按队员需求开展灵活多样的小队独立活动。

6. 评优竞赛：每届小队长上任时有"任期目标"，任期结束，由中队组织评选优秀小队集体、小队活动、小队长和小队队员。

在以上六项中，自愿组队、民主选干、评优竞赛为主要的实验内容。

实验的过程与结果如何呢？

邱从实逐项介绍道：

关于自愿组队，改变了按座位排列的行政编队，并由注重协调活动转变为关心队员情感，注重协调队员关系。在中队委员会领导下，由骨干队员"招标"组建小队。自愿组建后的小队重新排座位。自愿组建尽力避免了个别后进队员"无人要"及"清一色"（即以性别、成绩或兴趣划分小队的现象）问题。在41个自编小队中，混合型的优化组合小队有35个，占总数的85％；单一型小队有6个，占15％。

关于民主选干，一般做法是在保留原有老队长做常任队长的情况下，增设选举出来的值勤队长。小队长任期一般为两周至一个月，新队长经自荐、推荐，最后由全小队民主选举产生，选出后举行简短（两三分钟）的颁授队长标志的仪式。值勤队长表现好的也可连选连任两届，也有过一段时期再被选举当选的。许多有"一技之长"或积极表示愿为小队效劳的"小捣蛋"、后进生都在集体的信任、支持下当上了队长，做出了出色的成绩。

关于建职立位，人人定岗位，自取名号或由小队集体"奉送雅号"以体现他在小队的职责，如管小队音乐活动的叫"音乐细胞"，专管小队体育的叫"运动健将"，专为大家讲天下信息的叫"小灵通"，负责给大家讲笑话的叫"滑稽王小毛"，等等。因此，即使自己不是队长，也有"队长"岗位，小队每个成员都有为小队效劳出力的机会和尽职尽责的义务。

关于队务建设，一般都设立了小队日记，每周出一期小队报。复兴中路实验小队还自建了小队活动基地，经常开展校外"小队之家"活动。

关于按需活动，一般采用"公转"与"自转"结合的办法。活动内容不都按大队、中队布置的开展，队长要学会听取队员意见，按需组织活动。有的小队每天都有队活动，每天活动内容不同，创造了"小队十分钟"或"小队一刻"的新形式。轮值小队长都充分发挥首创精神，队员们也群策群力，搞得兴高采烈。每次小队活动，小队长都将活动方案向中队委员会备案，活动情况也记载在小队日记上，以备中队检查，并供轮值小队长评优和下届队长工作参考。

关于评优竞赛，每届队长任期满后，中队即组织"最佳小队、活动、小队长、队员"评选，旨在通过交流相互学习、相互激励。每届各评一个，小队先召开小队会，参照中队自定的各项最佳标准讨论决定本小队参加本届评优的项目，自荐给中队。评优会上，小队先介绍本队各方面情况，然后演讲介绍所参加的评优项目，中队委员会根据队员的意见，确定优秀小队。评优标准简单、易行、可达到。评优过程中，辅导员引导队员树立中队集体意识，避免不利于中队集体团结的"小团体"出现。

段镇自始至终关注着徐汇区的小队改革实验，热情帮助邱从实论证课题的科学性与可行性，并三次参加队员们的座谈会。他把这项改革称为"小队优化组建"。这是少先队自动化的新发展，也是少先队集体建设民主化的新发展。

一天下午，段镇与沈功玲、王建军两位少年部部长，来到徐汇区小队改革实验学校——南洋模范中学，参加自愿组队座谈会。

一名叫钱小珠的中队辅导员介绍说："在一个学期里，我们中队共有32名队员当过小队长，占队员人数的70%。每届小队长任职期间，不仅要完成日常小队工作，而且要设计新颖、别致、有创造性的小队活动。'新官'上任都干劲十足，'烧上三四把火'。所以，各小队活动都十分丰富有趣，富有生气，四五十个小队活动越搞越红火。小队长一届比一届干得出色！"

段镇听得津津有味，问邱从实："高安路一小的实验结果出来了吗？"

邱从实点点头，如数家珍地说："他们学校写了一份总结，其中有两组数据。1988年5月，实验之前，调查显示：关于'小队生活'，18%的队员感觉'快乐'，15%的队员感觉'不快乐'，67%的队员感觉'一般'；关于'小队工作'，24%的队员'经常承担任务'，48%的队员'很少承担任务'，28%的队员'从未承担任务'。经过改革实验，1990年5月再次调查，发现大有变化。关于'小队生活'，90%的队员感觉'快乐'，并表示'不愿离开自己喜爱的小队'。关于'小队工作'，90%的队员'承担过任务'，并表示'还想继续承担'。94%的队员表示'赞成小队改革'；只有6%的队员表示'无所谓'。"

段镇兴奋地鼓起了掌，说："这就是改革出奇迹呀！"

沈功玲亲自辅导过自动化小队，对"自愿组队"的实验心领神会，预感到这将是少先队自动化的新创举。她有些激动地说："今天咱们小队搞优化组建，与企业转换经营机制异曲同工。小队建设改革后的操作前后共分十步操作，其实每走一步也都是在建立一种新的运作机制，新的组合机制、领导机制、用人机制，新的活动机制、激励制约机制与辅导机制。小队的改革与企业的改革有相似之处，改革是解放生产力，改革也是解放未来生产力。少先队内所做的一切，无疑是在帮助孩子们日后到生产岗位上去参与竞争做模拟性的预习。从小建好一个小队，长大搞活一个企业！"

沈功玲一席话将大家引向了一个新的高度。段镇见徒弟有非凡的见解，自是喜上眉梢。他说："英雄所见略同。昨晚我一夜未睡，一直在思考小队的改革，写了一篇文章却忘了带。总之，小队的改革是优化组建，这是民主的教育、成功的教育、自主的教育、愉快的教育。我建议，目前条件已经成熟，可以向全市推广这项意义重大的改革！"

这时，响起了急促的敲门声。原来，值班人员又来催客人们离校，说："你们今晚不睡觉，明天怎么工作呀！"

几天后，一场大型的少先队小队优化组建研讨会在上海市徐汇区举行。这次会议由上海市少先队工作学会、团市委少年部、上海市少年儿童研究中心（今上海市青少年研究中心）和徐汇区团委及少工委联合召开，仅上海市区便来了100多人。从此，小队优化组建成了全上海市的少先队改革实验。

在那些日子，段镇还是静下心来，写了一篇论文——《集体建设重在小队》。他深知，没有理论上的突破，实践中的突破更难以实现，难以持久。

在这篇论文中，段镇分析道：与大队、中队比较，小队有五个特点。

第一，小队是少先队组织中处于最基层的集体，是少先队直接教育儿童和组织儿童的基础集体；第二，小队是少先队员最经常、最直接的接触集体；第三，小队是少先队员同少先队组织联结的中介集体；第四，小队是少先队集体中机动灵活性最大的集体；第五，小队是少先队组织中队员参与率最高的集体。他指出，小队的活力在于自动化。

关于小队集体的优化组建，他写道：

优化组建，就是采用最合理、有效的方法，把小队建设成为团结、快乐、向上的自动化好集体。

优化组建重在形成小队活力的内在机制，开发每一个小队成员的主动性和集体精神，同时又重视为小队集体创造外部环境与条件。

优化组建遵循下列三项原则：

1. 主导性。组建过程就是教育过程。建设良好的集体是为了进行良好的教育，良好的教育从组建开始，贯穿组建始终。为此，必须加强组建的领导与教育，充分发挥辅导员的主导作用。

2. 主体性。让少先队员成为少先队集体建设的主人，充分发挥他们的自主性、积极性、主动性和集体创造精神。

3. 整体性。小队建设是少先队整体建设的一部分，大队、中队要充分发挥领导作用，小队建设要充分发挥对大队、中队集体建设的基础作用。

优化组建要从小队的组织结构改革入手。现行小队结构存在着行政化、一律化、成人化的弊病，不能充分地体现少先队的群众性、自主性和儿童少年的特点，不利于显示发挥少先队员个性。……我们需要进一步探索如何发挥队员们的主体性，即如何引导少年儿童自己来积极创建自己的队集体的新方法。这就需要从组织结构改革入手，形成发挥小队活力的内在机制。长期的小队建设实践和近期的科学实验成果表明，这是非常必要、完全可行而有效的。

与此同时，他提出了小队建设的理想目标：

1. 小队集体是队员的快乐世界。集体里经常有快乐的活动，大家在一起过快乐的集体生活，在快乐中学习、成长。

2. 小队集体是队员的友爱家庭。在集体中互相关心，互相帮助，大家都是好朋友，亲密团结如一人，使每个人都能感到集体的温暖。

3. 小队集体是队员的自治园地。队里的一切活动由队员们自己当家做主，让队员们学会自己管理自己，自己教育自己。

4. 小队集体是队员的创造舞台。人人都有均等的自我表现、参与管理以施展创造才能的机会。

5. 小队集体是队员的服务金桥。在小队里，人人有为集体服务的岗位。在家里、在社会上热心为人民做好事，通过集体服务的金桥，走向美好的世界、美好的未来。

6. 小队集体是队员的奋进基地。在小队里，个个奋发向上，人人不甘落后，各人在自己的起跑线上天天向上。

7. 小队集体是队员的成才摇篮。队员们在队组织中发展兴趣，增长才干，萌发志向，酝酿理想，茁壮成长。

自愿组队解放了多少孩子？激发了多少孩子的创造性？这是段镇也无法说清楚的巨大变化。在《永远飘扬的红领巾：我们都从少先队中走来》一书中，篮球运动员姚明回忆道，他是小学三年级入队的，至今难忘在徐汇区少年宫大礼堂宣誓、戴着红领巾合影的情景。他说：

我所在的小学……实行干部轮流制，小队长当两周换下一个同学。我们是自组小队，不是按照老师排的课桌，一排一排做一个小队，一个小队大概是十来个人。我那个小队大部分都是体育很好的人，我们当时的小队名字我还能记得住，叫"全能超导"，是第一个小队长取的名字。我们小队在毕业时是全市先进小队，还参加几个学校自组小队之间组织的表演、活动、比赛之类的，总是得奖的。我们是86级，我们中队也是全市先进集体。

# 21

## 心灵之约

段镇病倒了。

1991年9月，他应邀去日本大阪做儿童教育讲演归来，一直忙于写作，没日没夜地写。结果，血压高到了惊人的程度：低压130mmHg，高压180～190mmHg！他的眼部血管也再一次爆裂，血弥漫眼球。医生警告说，如果脑部血管爆裂，就会引起中风。

不久，段镇又被查出心脏病。本来，他还要坚持工作，被少年部的同事们"押"着去了医院，又"押"回家休息。

那天晚饭后，李蕙芳发现段镇嘴唇青紫，脸色煞白，手发抖，赶紧给他吃了救心丸，又陪他去了医院。他们折腾到半夜才回家，段镇刚要躺下，李蕙芳惊叫起来："不能躺下，躺下就起不来了，你忘了韩振东的教训了吗？"

"老韩！"段镇的眼泪一下子涌了出来。

1991年最让他伤感的事情，就是一年之中失去了两位少先队专家——北京的韩振东和河南的韩凤珍，而且这两位老朋友都年仅50多岁！

更让段镇痛心的是，韩振东是来上海参加他的教育思想研讨会返京当天去世的。韩振东累了，靠家人搀扶着进了家门，然后躺下想安静地休息一会儿，可这一躺下就再也没有起来。

段镇是韩振东的挚友，他是了解韩振东的。

1955年秋天，韩振东从北京四中毕业时，曾是保送留苏深造的人选，却因工作需要留校当了专职少先队辅导员。从此，他全身心投入少先队事业中，并成为全国优秀辅导员。后来，他又成了中国青年政治学院的副教授。一次，韩振东去山东烟台讲课，时任烟台市委副书记俞正声也赶来听，他曾是韩振东辅导过的少先队中队长。

当噩耗传来，段镇含泪写下悼文，他写道："创少工系功绩赫赫，为红领巾鞠躬尽瘁，中国少先队工作者的楷模韩振东同志永远活在我们心中！"

祸不单行。同年9月24日，当段镇还在日本的时候，久病不愈的韩凤珍也去世了，让少先队工作战友们的心海再次掀起痛苦的波澜。

韩凤珍是一位学者型的全国优秀辅导员，他以苏霍姆林斯基为榜样，一生致力于为"解放孩子"而工作，"让孩子抬起头走路"。他与段镇是真正的知音。在1990年第3期《少先队研究》上，段镇作为主编，选发了韩凤珍的长篇论文《解放被冤枉的孩子——兼议孩子身上缺点的"可爱性"》。在韩凤珍的倡导下，河南安阳北关区开展了"寻找身上可爱的缺点"的队活动，总结出1500多个生动的个案，给教育者以深刻的启示。

韩凤珍给教育者提出了一些忠告：学会用孩子们的眼光看孩子们；掌握把批评融于表扬之中的批评艺术；教会孩子们怎样把好事做成好事；懂得教育的艺术就在于巧妙地保护孩子们的自尊心；明确教育者的任务就是教育（教知识、教思想、教道德、教技能、教本领、教经验），而不是推脱埋怨。同时，他又指出关于解放孩子的五大要点：旧的人才标准束缚着孩子们的解放；教育领域里"形而上学"的问题严重，给孩子们的颈上套上了沉重的枷锁；缺乏应有的信任，这是孩子们受冤枉的根子；教育领域里缺乏民主气氛，这是解放孩子们的障碍；研究教育的艺术是解放孩子的途径之一。

提到韩凤珍，感到宽慰的是，我在其生前为他写了23万字的传记小说《孩子，抬起头》，于1990年由海燕出版社出版发行。如今经过修订，该书于2020年由浙江文艺出版社出版发行。

一向特别关注韩凤珍的段镇，很快就读完了《孩子，抬起头》，并于1991年4月22日给我写来了充满激情的长信。他说：

老韩突逝，我感到十分悲痛，心情至今还未平静下来。这是少先队的一个巨大损失啊！我们留下来的屈指可数的几个老家伙，只有用加倍的工作来弥补。

你的小说使"中国第二韩"（"第一韩"指韩振东——本书作者注）的形象跃然纸上，使他的教育信念、教育思想生动地展现于人们眼前。这部小说，我认为每个少先队辅导员都应该读一读、学一学。

我几乎是含着眼泪，激动地读了前100页，尤其是前50页。书里写的，有凤珍，有老韩、老张（指著名少先队工作者张先翱教授，曾任中国青少年研究中心少年儿童研究所所长、《少年儿童研究》杂志主编——本书作者注），也有我和一批少先队的敢死队、红领巾的孺子牛。写了我们少先队的苦难与欢乐，诞生与成长，更写了我们可爱的孩子群体。

《孩子，抬起头》，这个书名太好了！辅导员站在孩子立场，为孩子着想，为孩子讲话，为孩子办事。大量的孩子由于所谓的顽皮，由于成长中正常出现的各种毛病、缺点，由于种种客观因素造成的学习上的困难……得不到理解、关怀、热情、公正、尊重。辅导员和少先队的教育就是要在真正热爱并尊重儿童的基础上，"让孩子们抬起头来走路，抬起头来做人"！我想，这是少先队教育在现代化过程中的一个极其重要的指导思想。

…………

入了秋的上海，依然繁花似锦。写累了的段镇站在窗前，他出神地望着，被窗外美好的景致迷住了。

窗外是一棵与楼同高的大槐树，一株喇叭花沿着它爬上来，举着红色的花儿向人示意。它的右侧是冬珊瑚，结着一串小小的红果子，与一棵挺拔的棕榈树挨在一起。

窗前一条本来挺清静的路变成了商品街，熙熙攘攘。路两侧那些高大的梧桐枝头，有几只乌黑幽蓝的鸟儿在灵巧地欢跳，让人感到人与自然的和谐。

段镇从花木联想到了人，他突然强烈地思念起红领巾理事会的那些孩子。张炼红、吴方闻、彭婕、沈婕、吴弘、柴允敏、张莹、张琳……他们都怎么样了？说来也怪，段镇明明知道他们都是孙子孙女辈的孩子，可总是把他们当成平等的知己朋友，愿与他们敞开心扉。

大约一年前的国庆节，他一时找不到张炼红的具体地址，急坏了。马上写了一封短信托人捎去。他写道：

> 写在黑板上的信箱号码被人揩去了，未及记下，请再函告，以便今后通信或来看你。
> 我们将于本月10日赴京参加全国少代会。这几天，我日夜都在拟写《为了一亿三千万红领巾，为了明天光明美好的事业——向党中央的建议信》。对党、对未来、对少先队，我要履行一个共产党员的职责。
> 握手！很希望看到你的信！

三天之后，张炼红便给自己的引路人写来了回信，报告了自己的大学生活。在另一封信中，她从别人误传自己出国之事写起：

高中毕业以来，身边朋友陆续去美国、日本、瑞典等等，一个班里就走了七八个人。我不是无动于衷，有时未免产生一种失落的情绪。我害怕当别人"衣锦还乡"的时候，假如自己还一无所成，那又如何获得内心的安宁？但要是真的提到"出国"两字，一身的牵挂又绝非我这样的女孩子所忍心抛开的！农村里长大的人那种"根"的意识，那种乡土观念，都已经深深地铭刻于心，我想自己还是更适宜守在这儿实实在在地走自己的路。

高一赴日访问，我明白了拓宽视野的意义。所以，假如以后系里能有留学安排，我会珍惜，然后回到自己的土地干自己想干的事情。毕竟是学中文的人，若断了生存根基的话，我如何生枝展叶？！

我最开心的是碰到了寝室里的那七个可爱的女孩子。真的，段伯伯，跟她们在一起，我每一天都有意想不到的欢乐，比在附中时还快乐。这是一种如处家园的姊妹般的情谊，有福共享，有难同当，大事小事都有商有量，八个人心齐着呢。我是她们中间年龄最大的，往下依次排好，从"老大"喊到"老八"，顺口又自然，那一份亲密与融洽是言语难以表达的。尤其在经历了被疏远的孤高感觉之后，我更加深切地体味到室友们给予的理解与爱意！对我的成功，她们兴奋雀跃，没有丝毫嫉妒、非议；对我的失败，她们也会百般劝解安慰，同时又寄予一如既往的信任……无论是现在班里的还是过去附中的同学，认识我室友们的都会为我而庆幸。真的，这是我在大学里的第一件开心事！

由此，我也信心渐增，知道了自己的价值所在，不再害怕别人的议论，期待着了解之后的沟通。我由衷地付出我对她们的爱，同时也被她们爱着，我真幸福！我总是记着初中时就开始恪守的原则：去以心发现心。如今，一室的温暖更证明了这一点。

假期里，室友们陆陆续续都来信来卡拜新年，有人写来了让我感动得落泪的长信。其中有一封信中写道："老大，你知道我们对你怀着怎样一颗心啊！……不管怎样，老大，希望你为我们树立一个不败的形象！"……段伯伯，每每想着她们，我总是激动不已，我不能辜负了这一份深沉厚重的情义啊！

…………

在1991年5月7日的来信中，张炼红向段镇报了喜：考试成绩全班第一！在"师大人青春风采大奖赛"中获第二名；在"初入师大印象记"征文比赛中获二等奖；在话剧《雷雨》中饰演侍萍一角，已在校园小有名气……她还把讲稿一并寄给了段伯伯。她说：

即使我不能把握毕业之后干什么，也至少可以预知自己将成为怎样的一个人——对未来的追求，我充满信心与热情！

读张炼红等人的来信，段镇觉得是一件极开心的事儿。同时，他也相信，判断教育效果如何，需要较长时间的检验，至少要五年。也许，他是采用通信的方式，在对一批少先队员做跟踪研究。不过，他始终奉献出一颗真诚的心。

他于1991年6月6日给张炼红写了一封长信。信中写道：

不时读到你的来信，是很高兴的。如果长时间不见你的信，我就会特别惦记你：小张最近怎么啦？

你考了第一名，各项课外活动又获优胜奖，我为你高兴，当然要祝贺啦！

你的环境暂时是非常好的，如你所说"一切都顺心"，我羡慕，也为你感到庆幸。搞教育的人很重视环境。

你的讲稿，是值得称赞的，富有辩证思维，也比较实际。

"自信"这个问题是非常复杂的。我没有专门攻读过社会学，但是从马克思主义社会观来看，人区别于动物的标志在于社会性与创造性。20世纪50年代，许多少先队同行说我这个人很"固执"，"他要想做的，非做到不可"。坚持真理，没有这种"固执"不行。同行们又说我：他抓工作变化很多，我们赤了脚也跟不上。这一对矛盾（固执与变动）含有褒贬双重意义，是我的优点，又同时是我的缺点。吕型伟评论我：变化多端（指创造性与灵活性）。但他指出我有一点是不变的：确认儿童是学习的主人、生活的主人、组织的主人、社会的主人。我的理想、信念和育人目标也是不变的，我就是以不变应万变，万变不离其宗。

我既自信又自卑。智力、德行上不如人的地方太多了，水平不适应社会（辅导你们少年儿童）的太多了。但是我自卑而不自弃，采取老老实实的态度，在原有基础上，一点一点、一步一步做起。青少年时期没有大量课外阅读的条件和机会，我基本上是科盲，又是文（文学、文艺）盲，但自己尽量多看一点，以此弥补不足。自卑有一个好处，使人不会自满，不会自傲，使自信有一个度。自信的前提是社会信念，做人的信念，这个"宗"是自信之魂。有许多人很自信，但没魂，既无鲁迅说的国魂、民族魂，又无作为人的魂，或成为拜金主义之奴，或成为个人主义之徒，这是很可悲的。

青年人喜欢讲自我价值，要探索什么是"人的真正价值"（来信所提）。我从来没想过"我的价值"是什么。以往直至今日想的只是人活着不要白活。人活着要为他人、后人、社会做点好事，人的真正价值在于人的社会价值。中华民族的美德需要代代相传。

写文章我远不如你，你能一气呵成，并且那么流畅。我特别吃力，不知要改多少次，有时开一个头，得花几天！但我甘愿以一百次失败来获得使自己基本满意的80分的成功。那20分，以后再努力。所以，你的"失败观"是有道理的。

我似乎已多次建议你，把读和练、用相结合。要用中练、练用结合，边写边练边用。你在大学里掌握的只是服务的工具，知识技能与品性贵在应用，你大概不可能犯当代大学生的一些通病。

我感到悲伤的是，许多师范生都说考师范是"中不溜儿"乃至"落脚货"才被推荐或自动报考的（保险系数大一点）；更悲伤的是，绝大部分大学生毕业后竟不愿到基层去当教师。

翻看名人的经历，许多人都是有教师经历的。基层锻炼非常重要，作家也是这样，不到基层积累丰富的生活经验，怎能写出好作品？我理想中的大学生是既有远大抱负，又有踏实作风的人。

这封信打破了我上午的日程表，但是我对这项打破感到非常高兴，这也是生活呀！

讲稿奉还，我给你打81分。

张炼红曾于1992年11月25日给我来过一封信，说段伯伯在她眼里"真像一口井，清澈然而深邃"。她坦率地承认：

对于当老师这一志向，到今天我也困惑得很。外界的压力是一贯的，而自身的动摇也是事实。我总觉得自己在背叛什么了……我渴望身心自由，却又放不开一身的牵挂。但不管怎样，段伯伯总还是我的段伯伯！

她告诉我，她曾幻想将来创办一份刊物《心灵》，并注视着我说："倘若借给您做书名，喜欢吗？"这成了本章标题的来源。

段镇是一个对党赤胆忠心的人。

1978年，段镇平反了，国家补发他1000元工资。他却说："我是共产党员，够吃够喝的，要什么补助？"他不但未领补助，还补交了20年的党费。按规定，每月交1.16元党费，他却按每月1.20元的标准，补交了288元党费。

妻子李蕙芳回忆道：

> 段镇的工资卡交给我使用，但他写作和讲课有一些收入，都不交给我使用，而是放在抽屉里。他说这些钱"取之于民，用之于民"。他经常把这些钱作为少先队工作经费，到处资助或发奖金，给小朋友们买礼物。有一个困难学生，段镇悄悄地资助了她四年，每年5000元。

为了少先队事业，段镇吃过20年"右派"之苦，平反后依然"胆大包天"。

20世纪80年代初的机构改革中，团中央少年部曾一度并入学校部，对少先队工作极为不利。段镇得悉后，给时任总书记胡耀邦发了长长的电报，历陈单设少年部对于少先队事业的重要性。北京的吴芸红、韩振东、罗英、覃琨等人，也向团中央提出建议。最终，保留少年部，再成立中国少年先锋队全国工作委员会，由团中央书记兼主任。

1990年10月，全国少代会即将在北京召开，得知时任总书记江泽民可能出席不了这次会议的消息，段镇与刘元璋、倪谷音、沈功玲四人以四代少先队辅导员的名义，给他写信，经市委组织部同意后发出。结果，江泽民总书记不仅出席了少代会，还发表了重要讲话。

谈起这些传奇般的往事，段镇淡淡一笑，说："这与个人无关。我是为少先队着想，更是为党着想，一亿三千万的后代哪！"

# 22

# 难以驯服的小马驹

张琳后悔了。

望着越下越大的雨，她更加痛恨自己。怎么就心血来潮，向段伯伯随便发出邀请呢？本来他的工作已经是千头万绪了，马上又要去北京开会，自己却请他来做什么队史报告。细想一下，又有几个中学生想听这种报告？

张琳一跺脚，冲上了公共汽车。可是，已经迟了。当她赶到市少工委时，沈功玲老师惊叫起来："段伯伯已经打着伞去向明中学了，你怎么来啦？他不是去找你吗？"

"我——"张琳说不出话来，转身往学校赶去。其实，这个结果她想过，因为段伯伯是个守信守时的人，答应了孩子的事，从来都不耽误。

当她将穿着套鞋的段伯伯请进会场时，眼睛湿润了。

"段伯伯，您喝茶，休息一下。"张琳不安地递过一杯清茶。

段伯伯却摆摆手，笑着说："别让同学们等，我马上开讲吧，不要休息。"

果然，张琳担心的事情发生了，中学生们心不在焉，交头接耳。可是，段伯伯既不生气也不着急，他唱起了歌儿，还用茶杯盖儿伴奏。这一招，一下子吸引住了同学们。这时，他才讲起少先队历史上的那些动人故事，同学们一会儿听得紧张万分，一会儿又被逗得前仰后合。

队史报告会大获成功。同学们纷纷说：

"讲得蛮好的！"

"他讲的挺可信，不是哄我们。"

"少先队的历史的确是光荣史。"

送完段伯伯，回学校后，张琳想出了一个高招。她对同伴们说："段伯伯为咱们做了这么好的报告，咱们怎么感谢他呢？他不喜欢钱，就喜欢少先队。我建议大家每人写一句对中学少先队的真心话，这是给他的最珍贵的礼物。"

"好！"300多名队员一致响应，马上动笔写了起来，递给张琳的字条堆成了小山。

张琳忙了几天，将全校少先队员的意见整理出来，竟有7000多字！她将其分为五个部分：对少先队的感情；对少先队活动的看法；对红领巾的议论；对队干部的透视；对这代人的了解。然后，她将之命名为《中学队员心声小手册》，准备赠送给段伯伯。

送之前，有些队员犹豫了，怕自己的意见太偏激，让这位革命老前辈受不了。虽然队员大都怀念少先队的生活，好评也占多数，但批评也很多，而且有些话说得比较尖刻。

张琳凭着自己的观察，相信段伯伯愿意听真话，便将《中学队员心声小手册》送到了段伯伯手里。

段镇如获至宝，不但反复研读琢磨，而且将中学少先队工作列为重点思考内容。同时，他也对张琳刮目相看，格外欣赏。

张琳是个独特的女孩。

当段镇少先队教育思想研讨会召开之时，六名历届红领巾理事会成员集体亮相，他们的个性差别一下子显现出来。

假若每人用一个字概括特征：《我们一百万》报第一任主编张炼红是

一个"朴"字；第二任主编柴允敏是一个"稳"字；第三任主编吴方闻是一个"灵"字；去过南极的吴弘是一个"壮"字；第五任主编张莹是一个"和"字；而年龄最小的第六任主编张琳则是一个"直"字。

张琳，大眼睛，厚嘴唇，娃娃脸，才气过人而不加掩饰，有几分倔强劲儿。

脸蛋红红、眉毛有些吊起的张炼红第一个发言，她从自己由一个乡下女孩成长为大学生的经历讲起，谈了少先队能培养人的坚强品格，谈了段伯伯对她的一次次鼓励。

吴弘也进了大学（后去美国留学和工作），他表示"至今留恋少先队"，并说："我们的市级理事服上有五道杠，区级理事服上有四道杠。去南极途中，好多国家的海关人员都问我五道杠是什么意思，我说与船长一样，多一道杠多一份责任。"

轮到张琳发言了，她说："我是第三代理事会成员，也是一匹挺难驾驭的小马驹，有些老师不喜欢我。段伯伯是我的知心伯伯，他带我走出苦恼，走进一片阳光里去，还鼓励我写文章。我们是少先队的主人，不要'包老师'，我们要冲出'包老师'的包围……"

段镇是在1989年发现张琳的才华的。

当时，红领巾理事会正组织竞选，六年级小学生张琳报了名。用她自己的话说："我傻，无名气，还不知天高地厚。"她险遭淘汰，是段镇问她喜欢读什么书，这才有了转机。

张琳的最大优势恰恰是读书与思考。她告诉段伯伯，自己喜欢读毛泽东和鲁迅的书，读过《矛盾论》《实践论》《论持久战》等上千册书。

段镇笑了，和蔼可亲地问："《论持久战》的现实意义是什么？"

"中国的改革就是持久战呀，想速战速决是不符合中国国情的，少先队改革也是持久战！"

听着12岁的小姑娘侃侃而谈，考官们的眼睛放出了光芒。于是，张琳不但进入了红领巾理事会，并且迅速成为一颗耀眼的明星。

1990年暑假，张琳参加了《中国少年报》小记者团，赴大别山采访贫困失学的孩子，给人留下极深刻的印象。一天，她无意之中丢了一张纸，农村小伙伴马上捡起来擦干净，兴奋地在上面写字。小记者们看过的报纸一扔，农村小伙伴也马上捡起来，用衣袖擦干净桌子，再小心翼翼地放上报纸，几颗小脑袋凑在一起聚精会神地读起来。

鲜明的对比，强烈的震撼，张琳哭了，哭出一片真情，哭出一颗爱心。她对带队的"知心姐姐"说："自己的伙伴自己帮，这是我们上海少先队自动化的信条。回去我们马上行动！"

在张琳的积极建议下，上海红领巾理事会、《我们一百万》报发出了"手拉手一号行动令"，要求开展"一本书寄友情"活动，即建议少先队员把自己看过的课外读物，分别寄往200所贫困乡村小学，建立小小图书馆。上海少工委也专门发出文件，支持少先队员的行动。短短的时间内，上海100万少先队员寄出218万册各类图书，拉开了全国"手拉手"活动创举的序幕。

同年10月，张琳赴北京出席了全国少代会。她还亲手给时任总书记江泽民佩戴上了红领巾。

江泽民总书记向全国少先队员提出了四点希望：要树立崇高理想和远大志向，要培养优良的道德品质，要学好文化科学知识，要锻炼强健的体魄和良好的心理素质。

正是在这次会议上，我结识了张琳，她良好的心理素质令我叹服。她与总书记聊天时轻松自如，陪总书记走上主席台时从容不迫。

1991年，张琳被评选为"全国十佳少先队员"。同时，作为重点中学向明中学的学生干部，周围的人们对她的要求提高了许多。可是，张琳的憨直之风不改。

张琳习惯于随身带一本书，不办事的时候就看书，从不浪费时间。

张琳在少年宫展示自己亲手做的七件时装，还发表《中学生服装美》的讲演，鼓励同伴们既少花钱又把自己打扮得更漂亮一些。

1992年10月23日晚上，我采访了张琳一家。爬上她家的小阁楼，我看见张琳穿着红衣黑裙，却光着白白的脚丫，一副悠闲自得的样子。她的父母都是从东北插队回来的知识青年，当时在区委机关做一般干部。他们让女儿独自接待自己的客人。

张琳正读初二。由于我们多次通信，彼此已是老朋友，便开门见山地聊了起来，谁也没有拘束。

张琳先说了起来："我评上'全国十佳少先队员'也没那么开心。我反而想睡一觉起来，出门没人认识我了。这些奖励既激励了我，也带给我极大的压力，但可能这是我一生中最珍贵的东西。什么都去从容面对吧，没有什么大不了的。想开之后，我才快乐多了。

"我追求完美，当然，人永远不会完美，只是不断完善自己，使自己在生活中有用。如果我将来到菜市场卖菜，也要把菜洗得干干净净，让人爱买。有用比什么都重要，一切要从有用出发。我越来越写不出细腻的东西，每次一写就是思想、观点，拼命用感叹号，一直写到烦了为止。我爱读书，抓紧每一天读，每一分钟都很重要。这样，活得越来越有意思了。我曾厌恶工作，想自由，现在又明白过来了，工作是重要的，只讨厌没效率的工作。"

最后，我们谈起了段镇。张琳感激地说："一提到段伯伯我就感到心里热乎乎的。他理解我，宽容我，也常善意地提醒我。我评上'全国十佳少先队员'，他来信说：'顺利的时候是最危险的时候，要保持头脑清醒。'他还总嘱咐我尊重妈妈，因为他见我经常会不耐烦地打断妈妈的话。我渐渐悟明白了段伯伯的话，与妈妈的关系越来越好了。如果没有段伯伯，我还会在误区里挣扎更多日子……"

一向关注张琳的段镇，自然也听到了很多人对张琳的非议，甚至有人怀疑她与高年级男生谈恋爱。

段镇反感这些议论，说："男女生交往是正常现象嘛。女孩子总愿意与水平相当或高于自己的异性交往，即使有点感情也没关系，将来可以志同道合嘛。再说，女孩子当干部积累一点与异性交往的经验，或许能受益终身呢。"

段镇还在琢磨张琳送的《中学队员心声小手册》，他对中学少先队"像一道白光"之说刻骨铭心。不久，他写了一篇有分量的文章《初中团队一体化建设——中学少先队振兴之路》。他相信全国少工委的论断，"中学少先队工作应成为少先队工作的黄金期"。

他选择的试点学校正是张琳的母校——向明中学。

令他欣慰的是，团市委领导高度重视他关于初中团队一体化的设想，并召开专题的书记办公会议，提出了指导性意见。团市委、市教委、市少工委联合召开了上海市中学少先队工作会议。

从1997年起，初中团队一体化在上海变成了现实。

段镇愿望成真，初中少先队由"荒草地"变成了"黄金期"。他提出的若干建议都逐一落实，团市委还倡导"360行青年志愿者"进校园进社区带队，使初中少先队如虎添翼，更加生机勃勃。


高中毕业时，张琳被保送进入大学。可是，出乎许多人的意料，她选择了上海中医药大学临床医学专业，开始了七年的本科与研究生连读的课程。这一年，她出版了处女作《小女孩看大世界》。

2000年春节的一个夜晚，我拨通了张琳家的电话。正在读大三的她还是那样憨直，激动之中也不肯随口搪塞。

回首往事，她说："我们这代人与这个时代一样，需要效率和实干，这是非常重要的。虚的是没有用的，光好看是不行的。再说，没有实用价值的一点也不好看。"

　　问及她读中医专业的感受，她回答："很喜欢中医。中医文理相通，古今相通，与现代科学也相通。可以说，在中医里到处可以挖掘到极有价值的东西，当然也很艰难。我的目标是当个好医生。"

　　话筒那边传来甜蜜而有些羞涩的笑声。

# 23

## 群星灿烂

任何一种成熟的思想都是集体智慧的结晶。

在分析段镇少先队教育思想的形成原因时，全国少工委负责同志曾指出：

> 段镇有一批志同道合的少先队工作者作为同事和朋友，他的许多思想就是在与同伴的讨论、切磋、辩驳中成熟起来的。他的实验和实践都是和同伴们一起进行的。少先队理论研究的繁荣、全国各地少先队专家和研究成果的涌现，也为段镇少先队教育思想的发展提供了外动力。

事实正是如此。上海早期少先队工作的重要领导人胡德华、吴芸红、蒋文焕等人，从从事地下工作时就把一颗心奉献给党的儿童事业。新中国成立之后，他们又为少先队事业的发展创造了一个又一个奇迹，提出"把少先队还给少先队员"等深刻的理念，他们的忠诚与智慧都深深地影响了年轻的段镇。

有"热水瓶"之称的刘元璋，是段镇的黄金搭档，他担任上海市教育局副局长十几年，对少先队的关怀犹如"守护神"一般。1993年，当夏秀蓉接替退休的刘元璋时，也与前任一样成了"少先队局长"。

沈功玲从段镇手里接过少年部部长重任九年之后，在老师的指点下，大胆推荐王建军、谢咏等年轻人先后担任部长，而自己则担任了全市的总辅导员。

段镇爱才心切。"十分钟队会"让他发现了陈建强，"自愿组队"又让他发现了邱从实，两人均调入了上海社会科学院的青少年研究所。后来，陈建强担任了副所长。

1986年，按照上海市少工委"保留一批少先队工作骨干，长期从事少先队理论研究"的要求，卢湾区（今属黄浦区）教育局率先在教育学院设立了少先队教研员。此后，在上海市教育局的鼎力支持下，各区、县教育学院均设立了少先队教研员。这样，加上少年部部长和总辅导员，每个区、县都有了专职做少先队工作的"三驾马车"。这是上海少先队工作持续高水平发展的重要举措，也初步实现了段镇"稳定队伍"的梦想。

更令人欣慰的是，一批又一批优秀少先队工作者成长起来。1999年9月10日教师节，上海市少工委对50年来曾荣获全国或上海标兵称号、具有高级职称，仍在少先队工作岗位上辛勤耕耘的辅导员，授予首批"上海市少先队名师"称号。他们是段镇、刘元璋、倪谷音、毛蓓蕾、沈功玲等26人。其中，全国优秀辅导员和全国优秀辅导员标兵有13人。

"少先队名师"的命名，在中国是一个创造。从一定意义上说，正是这些灿若群星的名师，使上海的少先队大花园姹紫嫣红，美不胜收。每颗星星的升起都有一段动人的故事，而这些故事中大都有段镇的身影。

毛蓓蕾是著名的儿童教育家，一直在虹口区第三中心小学工作。全国第一个红领巾中队，就在她的精心辅导下诞生。毛老师非常敬佩段镇，经常邀请这位"少先队迷"到自己家做客。

毛蓓蕾最大的特点是爱的教育。段镇曾委托高峰详细采写毛老师，并在《少先队研究》上发表长篇文章，题为《毛蓓蕾的少先队工作艺术》。

其中，有一个故事耐人寻味。

在一次公开的主题队活动中，孩子们由于过于紧张出洋相了。主持会议的小主席第一炮就打哑：预先准备好要讲的话，没说上几句就结结巴巴地噎住了。毛蓓蕾亲切而小声地勉励她："不要紧，想不起来就少说几句，尽快宣布下面的内容。"可是下面的发言与演出，一而再，再而三地出了差错，有忘记带道具的，有摔倒在台上的……主题会结束后，大家回到教室，个个垂头丧气，正襟危坐，静静地等待老师的批评。

毛蓓蕾没有这样做，她说："要让孩子们在生活中既品尝成功的喜悦，又经受失败的磨炼，这样才能使他们更快地成长起来。害怕失败，只会变得处处谨小慎微，怎能有创造精神呢？但是，要教育孩子们正确地对待失败，认真总结教训，而不能抱无所谓的态度。"毛蓓蕾启发大家畅谈自己的感受，最后小结时向他们指出："这次主题会开得确实不太理想，出了不少洋相，需要改进，但却是一次少先队员们自动、自主，具有真实性、创造性的活动，这是最大的进步。"

辅导员实事求是的评价和鼓励，增强了孩子们的信心。接着，毛老师向他们提出建议：利用两周课余时间，人人动手动脑修改、充实内容，再开一次主题队会。结果，这次队会开得十分成功，队员们真正体会到当家做主进行创造性活动的欢乐。

毛老师说，当一个辅导员戴上了红领巾，你就是这个集体中的普通一员。你就得以民主、平等的态度，处处尊重他们、信任他们，支持他们的首创精神，让孩子在实践中学会自己管理自己，自己教育自己。如果你凌驾于组织之上，事事包办代替，那么你就听不到孩子们的心声，不了解他们的希望与意愿，那么你就无法进行启发、诱导，你的少先队工作就会缺乏生命力……

一天，段镇又收到了华坪小学赛男孩小队的来信，令他眉开眼笑。女孩子们豪迈地写道：

> 只要大队部发出号召，我们小队总是第一个行动。在活动中发挥我们女孩子心灵手巧的特长，为家庭、为学校、为社会做了许多事。
>
> 我们都是独生子女，父母不要我们干家务活，样样事都包办代替。我们决心改变这种状况，做到会做的事自己做，不会做的事学着做。为了让父母放心，我们开展了"露一手"的小队系列活动。第一项是整理房间。一个星期六的下午，大家在小队长家集合，把小队长的家当作练兵的场地，叠被、扫地、抹桌、整理书桌、擦窗。大家练习完，分头回家干，队长负责评比。这天晚上，我们看到了母亲们惊讶的表情，看到了父亲们满意的眼神。我们是多么高兴啊！我们发现：只要自己愿意干，事情一定能干好。
>
> 第二项是闯入厨房"禁地"。又是一个星期六的下午，我们从家里拿了鸡蛋、青菜、豆腐、肉、荠菜等，到小队长家里学起了做菜。这天，我们煎了荷包蛋，炒了青菜、榨菜肉丝，还烧了豆腐汤和荠菜肉丝羹。待我们的父母回家，看到桌上做好的菜，都夸奖我们"真能干"。
>
> 我们趁机向父母要求每天负担一部分家务劳动。父母没有同意这个要求，说："偶尔干一点还可以，还是把学习搞好一点吧！"于是，我们想了个好办法，给爸爸妈妈写了一封信，表达了我们的决心。我们的真诚终于打动了他们。于是，我们开展了"我和妈妈订合约"的活动。合约规定了我们每天承担的几项家务劳动和妈妈要教会我们的几项本领。为了使合约真正起效，爸爸还做见证人呢！现在，爸爸妈妈常夸我们："女儿，真能干！"我们心里甜滋滋的。

　　记得在一年前，我们看见乔琼的家附近有一位老奶奶，中风后行动不便。于是，我们想把在家学到的小本领用来为老奶奶服务。经过讨论，我们决定每星期六作为我们小队的服务日。我们见老奶奶很孤单，就常去陪她聊天。在一个星期六的下午，我们带好了苹果、橘子、糯米小圆子、白糖，大家动手为老奶奶烧了一锅水果羹。老奶奶用颤抖的手接过了我们递过去的碗，连声说："好孩子，谢谢你们，谢谢你们！"见到老人喝着我们煮的水果羹，听到老人对我们的夸奖，我们太高兴了，因为我们为别人献出了自己的爱心。

　　我们和老奶奶建立了深厚的感情。每当我们在家里吃到好吃的东西时，总不忘留一些，去看老奶奶时带给她尝尝。我们还用自己的零花钱为老奶奶买了毛巾、牙刷、牙膏等日用品。我们的行动得到了父母、老师的支持，他们说我们学会关心别人了。我们用自己的爱心为老奶奶送去了一片温暖，也使自己得到了锻炼，受到了教育。我们用自己的行动说明女孩子不比男孩子差。现在，爸爸妈妈们都为自己有个懂事的女儿而感到骄傲。

　　在中队里，我们总是精心设计小队活动，常常是别具一格。我们的小队报总是第一个出来，还多次获得第一名。我们小队也多次被学校评为优秀小队。

　　别看我们人小，我们小队的小家务还挺忙呢！小银行、编辑部、图书室等的事务非常多。小队成了我们快乐的家园。

　　我们小队的队员们都即将离开小学，奔赴新的学习天地。十年以后，我们要以崭新的面貌，展示新时代女孩的形象，做顶天立地的人。

一个个自动化小队涌现出来，标志着小队改革逐步走向成功。段镇几乎陶醉了。在这个创造的岁月中，新鲜事层出不穷。

针对中学少先队工作难的现状，上海继光中学和虹口中学等学校的少先队组织，创造了大队职能部的实验。据红领巾理事会小主席吴玥介绍，她所在的南桥中学初一少先队中队里，还开始了"小队职能部建设"的实验。沈功玲在吴玥的文章上评道："材料宝贵，充分反映了中学少先队员的改革进取精神。"段镇和沈功玲还将这篇题为《欢跳的火焰》的报道推荐给《辅导员》杂志发表了出来。

# 24 雏鹰奖章

十年树木，百年树人。

回首20世纪80年代至90年代初期，段镇和他的同事们执着探索，成果辉煌，影响深远，耸立起一座难以逾越的少先队理论与实践的高峰。

党和人民给了段镇崇高的荣誉。

1988年，段镇被授予"上海市荣誉辅导员"称号，以及上海少年儿童工作最高荣誉——白玉兰奖。

后来，段镇还荣获国务院颁发的"热爱儿童"奖章，被评为中国第一个少先队研究员。

然而，段镇并没有自满，反而常常处于不安之中。他曾这样写道：

少先队教育的传统运作方式是单一运动化，即不断地搞集中性的教育运动。这种统一、集中的运动化乃至突击化活动，不能满足全体学生中不同个性爱好的需要，不利于发展每个学生的个性特长。运动化外加包办化，轻自主、轻应用、轻创造，这都束缚了个性能力的发展。

其实，从20世纪80年代开始，段镇一直为少先队教育运动化忧虑，他做的一系列改革实验，都是为了变运动化为自动化。可是，他发现运动化有极其强大的力量，而自动化则显得脆弱无助。出路在哪里呢？

1992年秋，在段镇的具体指导下，上海市少先队奖章活动在五所小学开始首轮实验。这项实验由市少工委和市少年儿童研究中心联合主持。第二年参加实验的学校扩展到157所。

在小学低、中、高和初中四个阶段，实验者共设50多枚必修章。如小学中年级的12枚是：学做家务，当家庭小主人的家务章；爱护身体，保持健康的保健章；与好书交朋友的阅读章；坚持锻炼，增强体质的体育章；培养表演能力的表演章；制作工艺品，增添生活情趣的工艺章；学礼仪，做文明少年的礼仪章；随时准备帮助别人的手拉手章；从小爱科学的小实验章；学习外语口语，培养外语兴趣的口语章；学做主持人，搞好队活动的小主持章；铭言队训要履行，奖章活动要自动的自动章。此外，还设了科技、文化、娱乐、体育、服务、工艺等方面的选修章，也叫兴趣章。

关于奖章活动，段镇写了系列文章，如《培养能力　发展个性》《技能·兴趣·进取》《奖章活动的目标与特点》等。他指出：

> 以进度性技能训练为主的奖章活动，迎合了少年儿童好胜的心理，充分注入了激励因素。它把参加课程进修活动变成争奖章、考奖章的活动，把必修与选修的一个个科目（项目）同一个个奖章结合起来，又把一个个奖章联结起来成为阶梯，使之累进化，这是少先队教育的诱导原理和目标追求法的生动应用。
>
> 奖章化具有挑战性，挑战是一种要求。一系列奖章就是一系列的挑战，孩子从入队开始就要迎接一系列的挑战，不断地追求新目标。他们再也不会挂上红领巾就是"入队到顶"了。
>
> 奖章化具有竞争性。首先是自我竞争，争奖章就是不断地战胜自

我，使明天的自己比今天的自己更美好；同时也有相互竞争，比一比谁的奖章拿得多。自我竞争、相互竞争都会激发自己的和集体的奋发向上的进取精神。

奖章化还具有攀登性。每一个奖章都要通过具有意志努力的自我奋斗去争夺得来，奖章课程好比爬高楼，一级又一级，一层又一层地不断向上攀登，级级有激励，层层有激励，激励孩子们真正做到"天天向上""日日创新"。奖章代表进步，代表荣誉，可以增强队员的组织观念，也会提高自己的社会价值，日后还可能产生"使用价值"，成为社会对人的一种评估标准，作为升学、就业等的参照系数。

同时，段镇提出了奖章活动的四条实施方针，并被实践证明是富有远见卓识的。

第一条，要依靠教改和为了教改。必须坚定地、牢固地树立"少先队教育是基础教育的子系统"的整体观念和大教育观念。少先队教育不能单打一，孤军奋斗，也不能自缚手足，局限一隅——每周一次班队活动课。新课程教材建设需要自下而上的少先队自我教育、实践教育与集体教育。少先队改革发展要抓住教改与课改的机遇，依靠并结合教改，实行"课队结合"，充分、全面地发挥自己在教改与课改中的积极作用。只有走依靠教改和为了教改的道路，雏鹰行动、技能训练，才能顺利实施，大有作为。

第二条，要依靠儿童和为了儿童。奖章活动、雏鹰行动是少年儿童自我教育活动，必须依靠、通过队的组织，走群众路线、走儿童路线。坚持以少先队员为主体，迎合儿童的心理发展需求，依靠儿童的自主自动，为了儿童的欢乐与进步，不搞行政化、成人化。

第三条，依靠社会和为了社会。吸引广大家长和社区、社会力量的参与，走少先队同学校、家庭、社会"四结合"的社会化道路。

第四条，同少先队自身的其他教育活动和全部工作全方位结合。以奖章活动来带动少先队工作的全面活跃，强化班队集体的优化组建，充实少先队阵地的基础建设。

说来也巧，当段镇在精心设计奖章活动之时，一个经典的教育故事在草原上发生了，并在中国产生了强烈的影响。

1992年8月，在当年英雄小姐妹龙梅、玉荣放羊的乌兰察布的草原上，匆匆行进着百余名11岁到16岁的孩子。这是77名日本孩子和30名中国孩子一起举行的探险夏令营。这些孩子绝对没有想到，他们会成为一场社会大讨论的焦点。

我将草原上的故事写成了《夏令营中的较量》一文，并在结尾处写道：

短短的一次夏令营，暴露出中国孩子的许多弱点，我们不得不反思培养目标与培养方式的问题。第一，同样是少年儿童组织，要培养的是什么人？光讲大话空话行吗？每个民族都在培养后代，日本人特别重视生存状态和环境意识，培养孩子的能力和公德；我们呢？望子成龙。可是成什么龙？我们的爱心表现为让孩子免受苦。殊不知过多的呵护只能使他们失去生存能力。……第二，同样是少年儿童组织，还面临一个怎样培养孩子的问题。是布道式的，还是体验磨炼式的？敢不敢为此承担一些风险和责任？许多人对探险夏令营赞不绝口，可一让他们举办或让送自己的孩子来，却都缩了回去，这说明了什么呢？

是的，一切关心中国未来命运的人，都应该想一想，这个现实的矛盾说明了什么。

全球在竞争，教育是关键。

我也没想到，此文在1993年7月号《黄金时代》发表，并被《读者》全文转载后，会有上百家媒体介绍和评论，《人民日报》《中国教育报》《中国青年报》《羊城晚报》等由此发起教育大讨论。江泽民等党和国家领导人为此要求青少年的教育一定要抓紧抓好。

1993年10月，在昆明召开的全国少工委二届四次全委扩大会议上，全国少工委宣布：跨世纪中国少年雏鹰行动开始了！团中央和全国少工委推出此项行动的宗旨是：学会生存，自理自律；学会服务，乐于助人；学会创造，追求真知。可以说，"雏鹰行动"的推出，标志着新时期少先队素质教育思想的确立。

与以往的少先队活动显著不同的是，"雏鹰行动"与"奖章活动"紧密结合，发展成为人人可以参加的自我激励性的争章活动。上海的少先队奖章活动定名为"雏鹰奖章活动"，力度与深度都大为增强，甚至牵动了许多家长的心。

上海浦东新区农村的唐镇中心小学四丙中队红星小队大多数是女同学，她们50米短跑老是亮红灯。小队长居曦想出一个好办法：爸爸在农民运动会上获得过短跑冠军，请他当校外辅导员。队员们一致表示赞成。于是他回家就跟爸爸说："爸，我们学校开展少先队进度性技能奖章活动，队员们争'体育章'，50米短跑是个大难题，所以想请您当校外辅导员。"他爸听了，说："你们学校的事我不管。"居曦连忙说："爸，我在报纸上看到一条新闻《全社会都在关心教育》，那么您作为父亲，更要关心我们下一代。"同时，他拿出《夏令营中的较量》一文递给爸爸看。爸爸被儿子说得哑口无言，沉思了一下，终于答应了儿子的请求。就这样，小队自己聘请到了一名校外辅导员。

寒假前，红星小队制订争章活动计划，定于年初五训练50米短跑。

年初四那天，小队长居曦担心队员们会忘记明天训练，他爸知道后就陪同儿子开着摩托车一起去队员家逐个通知。

初五，天下着蒙蒙细雨。小队长居曦正在担心队员不会冒雨来参加，但不一会儿，只见队员们举着小队旗，撑着伞，陆续朝自己家走来。居曦一看少了两名队员，刚要动员爸爸用车去接。摩托车尚未启动，两个队员像泥冬瓜似的来了。原来，他们在路上摔了跤。居曦连忙关心地问他们摔痛了没有，能否参加训练。他们响亮地回答："少先队员决不向困难低头！"

在校外辅导员的赞扬声中，训练开始了。先做预备姿势，手握空拳放在腰间。接着做起跑姿势，两手平放在地面，手不能碰到起跑线，两脚成弓箭步。居曦的爸爸一个一个地帮队员纠正姿势，并鼓励他们50米短跑时，距离短，冲势一定要足，要咬紧牙关拼命地向前冲……半个小时后，队员们都掌握了跑步的要领。

据该校曹玲琴在《"爸爸辅导员"带领小队争"体育章"》一文中所写，这次寒假结束，进行争章考核，不少队员都达到了50米短跑的合格标准。红星小队八名队员在争章活动中，已先后获得38枚奖章。队员们相互激励，自训、互训，取长补短，争章训练已成为小队活动中丰富多彩的内容。

雏鹰奖章活动离不开家庭与社会的理解和支持，如何开发这些丰富的资源也成了少先队发展的重大课题。普陀区江宁路小学创造了"360行带队"的新鲜经验。

校长包佩霞和辅导员徐蓓娜介绍说，该校三年级以上的少先队员，人人都拜了师傅。最多的队员两年中拜过25位师傅。

队员们根据个人的愿望与实际，了解各枚兴趣章的达标要求，自选目标兴趣章。有的选几枚章一起争，有的选一枚争一枚，在争章卡上订好争章计划后，就进入了自己师傅自己请的阶段。

1. 向老师拜师。

360行，教师第一行。在教师亮技后，队员们兴奋极了。教语文的曹老师会说相声；教数学的竺老师会制作创意卡片；教音乐的李老师会插花；教自然常识的姚老师会做仿真昆虫；王教导员会打腰鼓；工会主席叶老师会理发……没料到，老师们个个心灵手巧，都有一手绝活。队员们就根据自己的需求，纷纷向老师拜师。

2. 向父母、邻居、亲戚拜师。

父母是兴趣章活动的雄厚辅导资源。队员们踊跃向父母、亲戚、邻居拜师，有的向爸爸学养鸽子，有的向妈妈学编织，有的向阿姨学医疗，还有的向邻居爷爷学修锁，学呀，练呀，其乐融融。

3. 向社会各行各业人士拜师。

由于兴趣章活动的特殊性，大队部还积极倡导队员走出校门，走出家门，走上社会，努力寻求各行各业有专长的人指导。队员们利用双休日向技艺精湛的民间艺术家学习刻纸、蜡塑，向饭店的厨师学习花色馒头的制作，向少年宫的老师学做风筝、捏面人，向木偶剧团的老师学打竹板，向工厂的共青团员哥哥学补雨鞋、修伞，等等，在实践中长智慧，在磨炼中增才干。

4. 向同学拜师。

队员中也有某方面技能的佼佼者，以同学为师，拜师学艺乐趣无穷。四（1）中队的小徐、小汤向五（1）中队的小涂拜师学打快板，一个教，两个学，有姿有态，像模像样。不久，小涂又收了八名徒弟，定期传艺，不亦乐乎。五（2）中队的小李自从拜曹老师学会相声后，便由徒弟变成了师傅，班里不少同学也来向他请教说相声的技巧。

在雏鹰奖章活动中，静安区第一中心小学创造了一大奇迹，在校园内诞生了一座孩子们模拟大社会的活动楼——小公民楼。队员们在小公民楼里，模拟医院救护、银行储兑、餐厅烹饪、超市买卖、新闻采集制作等活动。他们在奋力争夺医疗健康的救护章、节约理财的金融章、经营服务的服务章、学会烹饪的厨师章、精通棋艺的国手章、美化生活的工艺章等等。该校在低年级学生中设立了争国手章的目标，包括围棋、中国象棋、国际象棋等内容。结果，棋类辅导员招生时，80多名低年级学生争相报名。他们盼着练好棋艺，参加上海市"育才杯少年棋手大赛"，将来争取成为真正的国手。

1994年6月，团中央和全国少工委在上海召开了全国雏鹰行动现场交流会，各省、自治区、直辖市的少年部部长观摩了进度性雏鹰奖章活动，听取了实验报告，并表示信服。

更切实有力的一个突破出现了。同年8月，上海市教育局暨团市委、市少工委联合出台《关于结合小学课程教材改革，从低年级开始全面推行奖章活动的意见》。该意见关于"推行奖章活动，要同学校新课程教材改革，特别是活动课程改革的建设结合"，提出了五个结合：

首先要体现在育人目标上的结合。上海新课程教材改革有三个突破口，即减轻负担、提高质量；加强基础、培养能力；提高素质、发展个性。奖章活动的目的正好在这三点上与其吻合，并要在这三点上充分发挥作用。

第二，在教育内容上结合。进度性训练的内容要同新课程中不同年段的教学、教育相关要求相配合，在态度、知识、技能等多方面做出全面设计。让种类多样、风格各异的必修章和选修章的训练活动作为促进课堂教学与实践结合的有力助手。

第三，在教育形式上的结合。大课堂有多种多样、丰富多彩的形式，我们办学要向社会、大自然开门。以教师为主的自上而下课堂教学同少先队自下而上丰富多样的教育活动结合，使得师生两方面的积极性都能得到充分发挥。

第四，在活动的时间和阵地上结合。要找到各个章目同活动课程及必修课程之间的联系点，把有关奖章同有关课程对应起来并成为它的有机部分，从而在时间和阵地上做合理的安排，为奖章活动提供广阔的舞台。

第五，在教育测评上的结合。以技能训练为基本内容的奖章活动具有新的教育评价机制。要通过生动活泼的考章颁章活动，充分展示学生各育的实践成果，使它同学校的教学教育考评起到相辅相成的作用。

上海市教育局副局长夏秀蓉专门发表题为《雏鹰行动和学校教育》的论文，论证了雏鹰行动与学校教育目的的一致性、雏鹰行动符合学校教育规律、雏鹰奖章活动创造性地改革和发展了少先队活动、雏鹰行动与教育改革结合将产生意想不到的效果等重要内容。她指出：

根据课程改革方案的规定，在小学阶段共设置必修课程和活动课程两大课程，从而使学生既能获得扎实的基础学力，又能培养兴趣爱好，发展个性特长。在活动课程中明确规定开设班团队活动、体育锻炼、阅读与自习、兴趣活动和社会实践活动等，在实施过程中则要重视各类活动课程间的内在联系，更要强化必修课程和活动课程的优化组合，从而产生良好的教育效果。目前五个系列的活动课程中少先队活动非常活跃，有创造并有成效，尤其是"进度性技能训练奖章活动"更是在提高能力上富有力度。由于这项活动的趣味性、科学性、有效性和可操作性，课程教材改革找到了具体有效的落实点。反过来正因为课程教材改革是一项有明确改革目标又有周密的实施计划的系统工程，这就为少先队活动提供了一个广阔的舞台，更能体现活动的艺术和价值，更能吸引广大教育工作者和团、队工作者给予更多的研究与实践。

段镇是一位教育诗人，浪漫主义常常使他激情满怀。他深入思考雏鹰行动，发表了《让雏鹰野一点好》的评论。他写道：

> 雄鹰的核心寓意在于一个"强"字，雏鹰行动就是为国强而自强的行动。国强是少先队的行动目标，自强是少先队员为国强而奋斗的起点。让雏鹰野一点就是要引导队员们壮志凌云、雄心勃勃、奋发图强、自强不息，全面地增强自我，使自己成为强者，至少在某一方面是强者。我以为进一步发动雏鹰行动，应当补好雏鹰命名教育这一课。
>
> …………
>
> 无体不强，无科不高。我们切勿重文轻武，重文轻理。让雏鹰野一点，把体育活动和科技活动蓬勃开展起来。雏鹰们有了奉献的精神、科学的大脑、创造的才能、健壮的体魄、勇敢的作风，日后能飞得更高更远更强有力，真正成为21世纪的现代雄鹰。

# 25

## 温暖的家

一天早晨，段镇刚刚走出家门又回来了，叹了口气，拿起电话愣了一会儿，却又放下了，一副不知所措的样子。

"你怎么了？像掉了魂的样子。"妻子李蕙芳不解地问。

"沈功玲骨折了！她单身一人怎么办呢？我又有好多事找她商量。"

妻子深知，在丈夫的少先队研究事业中，沈功玲已经成为最重要的合作者。于是，她爽快地说："这好办嘛，你把她接来家，我照顾她，你们也便于商量工作。"

"蕙芳，这……"

段镇没想到妻子会出这样的主意。她有自己的教学工作，还要操持整个家，怎么忙得过来？

"你这，这什么呀？你哪样困难不是我帮你的呀？反正有一间房间没人住，明天就接她来吧，我自有办法。"

段镇感动万分，说："蕙芳，你不光是我的好妻子，还是好助手和好战友啊！"

"你才发现啊！都当了40多年喽！"妻子大声地说。

第二天，沈功玲住进了段家。在朝夕相处的三个星期里，他们像一家人一样亲密，沈功玲也备感温暖。

李蕙芳用一生证明了自己真的"不是冬妮亚"。

段镇因为被错划为"右派",曾经下放劳动约20年。这么漫长而屈辱的岁月,之所以能够坚持下来,既靠坚定的信仰支撑,也靠家庭的情感温暖。

段镇在农村劳动期间,偶尔回家,一家人像过节一样高兴。他发现孩子们长得特别快!女儿辛辛已经上学了,大为和大进也成了两个小淘气,让人既操心又开心。

最让段镇不敢相信的是,在物质极为匮乏的年代,三个孩子竟然都穿上了色彩鲜艳的毛衣。他一边搂着女儿,一边啧啧赞叹:"啊呀,真漂亮,是妈妈买的吗?"

辛辛头一仰,自豪地说:"是妈妈亲手织的,比买的还要好呢!"

李蕙芳则站在一旁欣慰地笑。

过了一会儿,段镇悄悄问她:"加工资了?"

"加个啥呀!"妻子朝丈夫翻了个白眼,伸出两只变粗糙了的手,说,"喏,靠它了!"

原来,妻子去杂货店买来一些松软而又便宜的绳子,将其拆开捋顺,用五颜六色的染料浸染后,当作毛线织成了一件件毛衣。

段镇轻轻地按摩着妻子的双手,眼泪如珠子般落下来。

妻子推推丈夫,说:"别掉眼泪了,来看看孩子们在这个星期里有些什么成绩吧。"

这时,儿子拿出好几张大小不一的图画,画的是风景、静物,还有解放军等。这些画纸都是李蕙芳从废纸店里称重量买来的,为了让儿子可以多练多画。女儿穿着花毛衣一边跳舞,一边唱:"我有一双万能的手,万能的手……"

段镇笑了,他同妻子一齐跟着女儿跳起舞来。

李蕙芳是1951年入党的老党员,长期在上海蒙古路小学担任主要领导职务，因受到丈夫的牵连，被免除了书记职务，但继续担任校长和党支部委员，"文革"后恢复全职，一直干到离休。因为她参加过党领导的地下学联组织，所以组织上对其按照离休干部对待。

作为妻子，与段镇一起生活了60多年，李蕙芳最深的感慨就是，自己嫁给了一个真正的共产党员。

一个1945年入党的老共产党员，一个拥有丰硕科研成果的研究员，一个辛劳一生的副局级干部，当他付出毕生心血之后，是否应当享受到较好的生活待遇呢？回答似乎是肯定的。

然而，当我为采访而住进段家的时候，却不敢相信眼前的一切。

自从1954年搬来天山二村48号楼，段镇一家像焊住了一样，再也没动过窝。单位分的房子是一大一小两间，合起来仅23平方米；加上从打浦桥调换过来的父母的一间房子，总共也不足40平方米！厅，自然是没有的；厨房，则是三家合用，一家一个灶；小小的厕所，也是三家共用。

在段家生活的十天里，我常常惊奇在那个拥挤的小厨房里，李老师怎么会做出如此可口的饭菜，简直像变魔术一般！不过，住在段家最不方便的是洗澡。按照常识，安装淋浴设施必与煤气管道相接。可是，我悄悄察看了几次厨房和厕所，哪儿也未发现淋浴设施，心中暗暗奇怪：这三户人家怎么洗澡呢？毕竟是客人，怕让主人为难，不好意思多问，我就忍了十天没洗澡。直到2000年在北京与段镇相见，我为写此书才问起此事。不料，段镇淡淡地回答："在厕所和洗菜池之间有三平方米，那儿放了一个澡盆和一个洗脚盆，可以烧好了水在那儿洗，三家凑合着过呗。这几年改造了一下，能在那儿淋浴了。"

真难以想象，这位享有崇高荣誉的"老革命"，半个多世纪都在如此简陋的居所生活。日新月异的大上海，还有哪一位家中有六口人的高级知识分子或高级干部的住房在40平方米之下？

许多年后，我再来段镇家的时候，发现住房还在老地方，面积扩展为

90多平方米了，原来是得益于上海的住房改造政策，房前房后加宽了许多。谈起这一变化，段家人笑逐颜开。

由于李蕙芳积极协助段镇做少先队工作，段家似乎成了少先队取之不尽用之不竭的能源库，而李蕙芳成了无所不能的少先队志愿者。

古人云，四海之内皆兄弟。在段家人心中，凡是热爱少先队的人皆朋友，只要登门，既可以吃也可以住。据不完全统计，北京、天津、山西、浙江、江苏、福建、广东等地的少先队工作者都多次来段家吃饭，上海本地来人更是络绎不绝。山西少工委主任田桂英甚至立了一个规矩，每一届新上任的少工委领导，都要到段家接受教育。田桂英说："吃了段伯伯的饭，就溜不掉了。"

然而，这每一顿饭、每一道菜，全靠李蕙芳采购和加工，怎一个辛苦了得！

段镇倡导"人脑加电脑"，其实他并不会使用电脑，反倒李蕙芳学会了用电脑。

除了做饭，李蕙芳还是段镇的秘书，经常要替他打稿子、发信和接发传真。有时，段镇编书，又拉上妻子画插图；他搞雏鹰奖章活动，妻子帮助设计奖章饰带，谁让她是美术老师呢？

更让李蕙芳想不到的是，有一天，她突然接到段镇的电话，说："蕙芳，少工委要在浙江岱山办夏令营，实在抽不出人来，你去打前站吧。"

李蕙芳愣了："我？去岱山？岱山在哪里呀？"

段镇急了，催促道："一问就知道了，快去吧！我在社会科学院也走不开。"

于是，李蕙芳赶快查地图，四下打听，匆匆上路，去寻找那个名叫岱山的海上岛屿。她毕竟是资深少先队工作者，虽然历尽艰辛，还是圆满完成了任务。结果，夏令营正式开营的时候，团队更离不了她，她只好多忙碌了好多天。

段镇感激妻子，也调动她的一切潜能为少先队服务。

2010年，年近八旬的李蕙芳检查出罹患肺癌，医生建议尽快做手术。

已经82岁的段镇年年住院，却万万没有想到，如此能干的老伴会得绝症！他千方百计地安慰妻子，妻子却平静地说："先去趟北京吧，去祝贺吴芸红大姐的90岁生日，也见见其他老朋友。"

段镇满足了妻子的愿望。

从北京归来，李蕙芳住进了医院。手术很成功！医生夸奖她"心态真好"！

出院后，李蕙芳忙于工作，没有坚持打针，几个月后发生大面积肺炎，再次住进医院。她不能讲话，喝水也困难。小儿子段大进买来奶瓶喂她喝水，康复后，她把奶瓶珍藏起来做纪念。

这次出院后，她与丈夫都住进了大为的家里。

2008年，段镇曾经写过一篇回忆文章，题为《我们的友情与爱情》。其中写道：

> 我同李蕙芳结合，被团区委一些同志戏称为"无产阶级与冬妮亚的结合"。
>
> 在《钢铁是怎样炼成的》这部小说里，苏联姑娘冬妮亚是富家女子，曾热恋保尔，最后因信仰、志趣不合而离开了保尔。李蕙芳只是貌似"冬妮亚"，其实她是一个富有理想、追求真理、向往革命而又善良、热情、温柔的好姑娘。她坚定地信任我，同我共患难，坚持陪伴我渡过人生最曲折险恶的坎坷，直到今天翡翠婚（结婚55周年）之日，恩爱愈深，这是我蓬莱（曾为南市区一部分，名为蓬莱区，今属黄浦区）情结中最值得庆幸的一件事。

# 26
## 最重要的合作者

　　1963年7月，沈功玲从上海市第一师范学校毕业。受学校委托，她带着一支队伍、一沓材料，到上海市虹口区教育局报到。教育局的领导说："你的母校对你有个郑重推荐，此人宜培养担当少先队大队辅导员工作。"沈功玲被组织的信任深深感动。她说："也许我的母校看出了我与少先队有缘。"

　　1954年入队的沈功玲至今记得，在上小学的时候，中队辅导员王老师平时不大叫她的名字，而常叫她"小队长"。"小队长，你好！""小队长，你本星期的活动设计好了吗？"沈功玲现在还保留着王老师给她的评语："能爱护自己的组织，积极参加队的活动，关心队生活，服务态度一贯认真负责。唯在活动中尚缺乏决断和计划性，希望提高工作效率。"

　　入职虹口区第三中心小学之后，沈功玲先当了两年班主任和中队辅导员，又到区里接受训练近一年后，被团区委和学校正式任命为少先队大队辅导员。

　　在段镇1978年来虹口区第三中心小学蹲点之前，沈功玲已是一名优秀的辅导员了。但是，段镇的指导帮助使沈功玲的潜能得到了充分的释放，取得了令人惊奇的丰硕成果。段镇的妻子李蕙芳说得对："沈功玲是段镇最重要的合作者。"

沈功玲与段镇共同发现与推出的少先队自动化，达到少先队自我教育前所未有的高度；他俩合写的约29万字专著《少先队的自动化》，被列入"上海教育丛书"，于1997年由上海教育出版社出版，并荣获上海市哲学社会科学优秀成果奖、第三届共青团精神文明建设"五个一工程"入选作品奖。可以说，他们的研究成果开始走出少先队，在整个教育界产生影响。

不过，与许多少先队工作者对段镇毕恭毕敬不同，沈功玲虽然尊敬段镇，却时常与他发生争执，甚至争得面红耳赤。

1980年，段镇狠抓"全童入队"，恨不得第二天就让每个孩子都戴上红领巾。沈功玲赞成他的基本观点，但批评他"有些话偏激了"，全童入队应积极而又稳妥发展。她主张"全童入队，不是全童一天入队"，"儿童入队，该有个教育争取过程"。

1989年，上海大规模搞队列操表演。段镇和刘元璋表示反对，认为是"劳童伤财"，是一律化、行政化的表现。沈功玲不赞成段镇的完全否定态度，认为搞队列操出发点与基本点是好的，有利于弘扬良好的队风队纪，只是层层比赛赛过了头。结果，她又与段镇争执起来。

不过，沈功玲的辅导艺术的确让段镇佩服至极。

1985年10月13日是少先队建队纪念日，首期上海市少先队队长学校开学了。

开学典礼上，沈功玲笑容灿烂地走上讲台，一开口，会场的气氛一下子活跃了起来。

今天，队长学校让我为大家上第一堂课，说说当一名好队长要做到哪几条。我想了想，决定送你们五句话：

第一，愿你做一个"火车头"。

一列长长的火车，轰隆轰隆向前飞奔，靠的是什么呀？全靠火车头在前面带动。它把着方向，带着车厢，最先迎接前进路上的风风雨雨。少先队里为啥要选队长？为的是也要有一支像火车头一样起作用的队伍，能带领大家在队旗下齐步前进。队长就是"火车头"，队长在队组织里，样样事情都该带头，要想在前头，做在前头；如果落在后头了，你这个队长就不是队长了，至多是一个挂名队长。

第二，愿你当一头"小黄牛"。

鲁迅有一句名言："俯首甘为孺子牛。"说的是我们每一个人都应当做人民大众的一头牛，勤勤恳恳、任劳任怨、全心全意为大家做事。牛吃的是草，挤出的是奶，它不要求得到什么，献出的却很多很多。牛的精神、品格是高尚的。亲爱的队长，你有没有想过，当少先队的队长，即意味着从现在起你就要学习"牛"的精神，学习为人民服务。当然你年龄还小，还只能当一头"小黄牛"，那就从为队员服务做起吧！记住"为队员服务"是当队长的神圣职责。假如你从小受到了这样的锻炼，长大了一定能为人民、为祖国、为人类做出贡献。

第三，愿你是一条"水中鱼"。

鱼在水里游，多么自在，多么欢乐！可一旦离开了水，它两眼翻白，像要立即死去的样子。人们喜欢用"鱼水关系"来比喻人与人之间不可分离的亲密关系。假如你把自己当成一条"鱼"，那么"水"指谁呢？我相信你能回答，"水"指广大队员。队长和队员就是鱼水关系，当队长的一刻也不能脱离队员，要与大家一起学习，一起玩耍，要了解大家的愿望，听取大家的意见，有事经常与大家商量。这样，队员们就会喜欢你、支持你、帮助你，你就是一条水中的鱼了。

第四，愿你成一颗"智多星"。

"天上星，数不清，哪里有颗智多星？星星火炬放光彩，智多星就是我们红领巾。"我们不是曾经唱过这首歌吗？"智多星"是一个骄傲的名称。在古代，人们就把才智过人的人称为"智多星"。在现代，党和政府也曾给予某些为祖国、为人民做出创造性贡献的人以"智多星"的称号。当今，广大少先队员为宏伟的现代化大业早日实现，在队组织里学知识、学创造，立志成为一颗智多才多的小星星。那么，作为一个队长该怎样呢？不用说，我们该比一般队员做得更出色，更爱读书看报，更会动手动脑，更善于设计创造。我们该是一个聪明能干、有真才实学的好队长。

第五，愿你变一支"小火箭"。

"火箭呀，前进！"火箭是时代的象征。它有最先进的自动化装置，能自行上天；它有巨大的动力，以惊人的速度直冲太空。

我愿你变成一支小火箭，像火箭一样自主自动，不依赖、不保守，会自动组织活动，自动开展工作，自动帮助同学，自动争取进步；像火箭一样奋发向上，不自满、不停步，勇往直前，飞速前进；并以你那小火箭精神影响、带动大家，把自己的中队、小队建设成朝气蓬勃、天天向上的自动化好集体。

这五句话，如同五份礼物，请你收下。愿你们中间的每位队长都能成为"模范带头好、热心服务好、团结队员好、勇于创新好、自主自动好"的"五好"队长。

沈功玲的课征服了每一位在场的听众。《中国少年报》在头版头条报道了这条消息，重点介绍了沈功玲的"五份礼物"。

1987年，少先队"三星队校"的孩子们，忘不了那个热烈的点燃梦想的开学典礼。航天工程师出身的中共上海市委常委兼组织部部长赵启正，是1951年入队的少先队员，还担任过小队长，对少先队很有感情。有一次，他来团市委见到沈功玲，当即将右手高高举起敬了一个队礼，沈功玲激动地还了一个队礼。赵启正非常理解孩子，特意请航天局的工程师为孩子们制作了一架神奇的火箭。在开学典礼上，他将火箭赠送给孩子们，并问道："你们喜不喜欢火箭?""喜欢!"孩子们异口同声地回答。

于是，一段充满激情与梦想的对话开始了。

"为什么喜欢呢?"

"因为火箭是现代化的象征，它自动向上，代表我们少先队的精神。"

"你们要添新星，那么星星在哪里呢?"

"星星在天上。"

"你们要添的星星表示什么?"

"星星是好的品德、好的本领、好的体魄。"

"好，我祝愿你们都能架起火箭，勇往直前，天天向上，为宇宙添一颗颗象征自己新进步的闪亮闪亮的小星星!"

从某种角度上或许可以说，段镇与沈功玲的关系是理论与实践的关系。往往是段镇提出了一个新思想，沈功玲使之变为现实，而这变的过程是儿童化的、艺术化的，连段镇都感到妙不可言。

沈功玲写过一篇论文，题为《改革开放与少年先锋队》。她写道：

> 少先队的改革，依据十一届三中全会的精神，也起步于1979年。改革的突破口是破除对少年儿童发展的包办束缚——一切按成人意志办事；改革的核心是给少先队下放自主权，让少先队的主体——少先队员真正成为组织的主人，发扬独立、主动、创造精神；改革的形式采取少先队员自己首创的"自动化"，即少先队员在自己的组织里学习"自己的活动自己搞，自己的事情自己管，自己的伙伴自己帮，自己的进步自己争"。

这些心得成了沈功玲做少先队工作的核心思想。

沈功玲是个富有魅力的人，尤其是讲起少先队的事情，谁都能被她迷住。据段镇介绍，她有一个宝贝本子，专门收集少先队的精彩故事，三天三夜也讲不完。然而，美都是有缺憾的。全身心投入少先队事业的沈功玲，一直没有结婚。

刚工作时，十八九岁的沈功玲参加了上海市虹口区的工作队。区委书记叮嘱她先立业后成家，趁年轻好好干事业。这正合她意。于是，纵然出现了一些爱情的涟漪，都被她平息了。谁知，这一拖竟拖了几十年之久！

从组织到个人，为她介绍了十多个人，却终未与她结成良缘。其实，作为老师和最重要的合作者，段镇比谁都急。他为沈功玲介绍对象，陪她去见过好几个条件不错的人，可沈功玲一点都不动心。

因为腿伤被李蕙芳接到家里期间，段镇夫妇自然又劝她抓紧解决婚姻问题。李蕙芳说："沈老师，你这么好的人，怎么能一个人过一辈子呢？"

沈功玲哈哈笑了起来，回答："我不是独身主义者，可我找的人还没有出现呀。他什么时候出现，我什么时候找他，顺其自然。"

"现实一点，爱人就出现了。"

听段镇这么说，沈功玲皱起了眉头："爱情是浪漫的。如果我对那个人没有感觉，怎么可能与他生活一辈子？"

每次争论都卡在这里。长叹一口气后，沈功玲却又哈哈笑了起来，说："不过，独身生活不是悲剧。我有干不完的事情，有许多别人没有的自由和乐趣。"

沈功玲是个乐观的人，总习惯哈哈大笑。她外出开会，常有人问她孩子多大了，她非但不感到难堪，还风趣地说："我的大孩子14岁，小的6岁，一男一女。"

人家哪明白她说的是少先队员，还奇怪她怎么会有这么小的两个孩子，她却又哈哈大笑起来。

住在段家，沈功玲与段镇进一步讨论了初中团队一体化的问题。她说："十年前高洁敏和倪蕾华做的一次中学少先队的调查报告指出，正常开展少先队工作的仅占15.1％，基本不开展工作的占10.5％。现在虽然有较大进展，但仍有人怀疑一体化的说法到底是否成立。"

"怎么不成立？20世纪五六十年代就是初中团队一体化的。入了团的队员不离队，继续留队当骨干，与队员们亲密无间地开展队活动，直至初三毕业，这才有了少先队的黄金时期嘛。"

"可是，有些辅导员提出，初三学生15岁了，队章规定队龄为6岁至14岁！"

"队章可以修改嘛，要符合事物发展规律才行。"

段镇拿出自己的论文，递给沈功玲，继续说："如果不搞一体化怎么样呢？初一建队，初二解体，初三无人管，这就是中学少先队工作难的病根。"

思索了一阵子，他又说："社会上出现了一种否定初中少先队的舆论——'少先队不适合初中生'，这种舆论共青团里有，少先队里甚至在少数老辅导员中也有。否定论出于误解和片面判断：一是看到初二队员不愿戴红领巾（包括初一个子高的队员）这一现象，就以为不愿戴红领巾就是不热爱红领巾，就是不喜欢少先队组织；二是认为凡女生第一次月经来潮，男生第一次遗精后，他们就不再属少年，而是青年人了。其实，少年是未成熟的人，在生理、心理、社会化程度上都同青年有质的差别，他们真正需要的是少年先锋队的生活，而不是成人的生活，也不是儿童先锋队的生活。我们决不能单纯用生理学观点来划分作为社会人的青少年期。如果以月经初潮为划分界线，那么今天在小学高年级学习的不少女孩子不就成了青年学生吗？现行的少年期划定是有科学根据和法律依据的，不能主观随意认定。推迟离队期，实行初中少先队全员全程一体化，这种灵活的变革是合理合法，有利于初二、初三少年学生健康成长的。"

沈功玲连连点头，说："九年基础教育，九年组织教育，全程在组织之中，这既是强队建团，以团带队，也是素质教育的题中应有之义——面向全体学生！好呀，我的大儿子长了一岁。"

说罢，她又哈哈大笑起来。

段镇喜滋滋地说："实践出真知嘛。向明中学的团队一体化试点又获成功，初一至初三的少先队员的积极性全发挥了出来，人人争夺雏鹰奖章。大队辅导员王臻太年轻了，怕自己没经验。队员们说：'王老师，你别怕，有我们哪。你也要说"我能行"！'校长也对团队一体搞雏鹰争章赞不绝口，说：'这正是学校希望的。'学校还出钱为少先队印制《雏鹰争章手册》呢。"

"来了，宁波汤圆——"

李蕙芳端着热气腾腾的汤圆走进来，递给段镇和沈功玲，说："你们讨论少先队工作有功，吃吧！"

沈功玲又哈哈大笑起来，整个屋子似乎被撼动了。

从段镇到沈功玲，都特别重视人才队伍的建设。

1999年7月，在段镇和沈功玲等人的推动下，市少工委提出实施"上海市少先队'名师带徒'工程"，即以名师命名、团结一批资深的少先队工作者，选择各区县能长期稳定工作、有培养发展潜能的优秀年轻辅导员为徒弟，有计划、有目标地通过各种手段扶助、指导徒弟，加速优化发展，使之成为少先队工作的"未来专门家"。

1999年9月，市少工委召开"上海市少先队名师"命名大会暨第十届教师节庆祝大会，首批名师都曾荣获全国、上海市标兵称号，具有高级职称，愿意承担带徒责任。2000年9月，市少工委将名师们在各年代发表的有关少先队教育的理性思维与宝贵经验的文章汇编成"上海少先队教育丛书·名师卷"系列12本，该套书荣获全国少先队工作学会"九五"科研成果（图书类）一等奖。

全市39名少先队名师，以"一带多"的形式，先后与143名优秀年轻辅导员结对签约，他们根据各自的实际创造了多种带徒的形式，其中段镇名师带了三届少先队学课程研修生，洪雨露名师建立了两期少先队名师后备人才实训基地。

实施少先队"名师带徒"工程，是上海少先队辅导员专业化队伍建设的新创举，它使一大批资深少先队工作者在名师团的旗帜下凝聚起来，一大批优秀辅导员在名师带领下成长起来，未来少先队专门家将从这批新生力量中涌现出来，这就是上海少先队的希望所在。

沈功玲是改革开放时期新一代被团中央命名的全国优秀辅导员标兵，是上海少先队工作者的优秀代表。她把全部身心都献给了少先队："寄一个共产党员的政治理想于少先队，寄一个教育工作者的教育理想于少先队，寄一个国家公民的社会理想于少先队。"

杰出的人才总会面临更多的机遇，而他们的选择具有决定性的意义。2019年11月30日，我曾与沈功玲微信交流。谈及她的岗位选择，她回复道：

（自1982年担任团市委少年部部长近十年之后——本书作者注）王建军1991年1月接任少年部部长，市委组织部就调我去市委党校中青班学习了半年。之后，组织部领导就找我谈话听取我本人意见，要调我去接任别的机构工作了。但与此同时，市委分管领导、团中央分管领导与段镇的意见一致，要我坚定走专业化之路，当然也明确告诉我若搞专业化是无法提级的，因为有政策限定。我明确表态，若觉得我走专业化之路是基本够格的，那个提级之类，在我的人生坐标里是没有的。况且我有事业重如山的前辈榜样段镇在。

就这样，沈功玲彻底放弃了改行转业的机遇，自1991年开始担任市少先队总辅导员。

八年后，沈功玲被破例任命为团市委党组成员、副局级干部。设立市级的少先队总辅导员是一个突破，而总辅导员进入团市委党组任职是一个更大的突破。显然，这些突破极有利于加强共青团对少先队工作的领导和支持。

2003年11月7日，沈功玲同志从事少先队工作40周年座谈会在上海举行，该会由共青团上海市委、上海市少工委主办。当时的团中央书记处书记张晓兰和团中央少年部部长高洪专程从北京赶来祝贺。团市委书记陈靖以《崇高的境界，执着的追求》为题做主题发言，将沈功玲理论与实践的主要成果概括为首创少先队自动化、率先实行少先队组织发展全童化、实施初中少先队全员全程一体化、坚持少先队民主化、推进少先队教育课程化等。

真不愧是得段镇真传最多的徒弟，沈功玲多年追求与获得的好评与师傅极为相似，因为许多事业是他们一起开创和发展的。积极建议为沈功玲开这个座谈会，最兴奋的人莫过于段镇了。因此，座谈会上，段镇的发言特别引人注目。

"一项事业，没有专门的理论、学科和一批能长期稳定地从事科学研究的少先队专门家的支撑，是很难形成的，更谈不上会有什么大的发展。沈功玲的指导思想是：少先队自动化和儿童化，坚持让少先队员做少先队组织的真正主人，让孩子自己动手动脑，实行民主管理、集体自治，反对限制束缚、包办代替。沈功玲的工作方法是：从儿童中来，到儿童中去；从辅导员中来，到辅导员中去。沈功玲成长为少先队专门家的轨迹是：一线实践—提升经验—悉心科研，再回到一线指导实践，再提升经验，再悉心科研——如此循环反复，不断开拓深化，终于使她从实践型、经验型上升至研究型，成长为理论与实践结合型的少先队专门家。"段镇这一番语重心长的讲话，实际上为广大辅导员的成长指明了道路。

段镇一直建议沈功玲总结自己的工作方法，沈功玲却迟迟未能完成。在这一次座谈会上，段镇生动形象地将沈功玲的工作艺术概括为"花仙子工作法"，即走马观花、下马探花、精心育花、击鼓传花、催开万花。虽然只是简短的20个字，却概括出沈功玲培育、发现、推广典型的工作方式与走群众路线的领导作风。其实，这也是段镇的工作法宝。

2005年10月，沈功玲退休，被团市委聘为上海市名誉总辅导员，并请她与段镇一起主编《上海少先队发展史》。这是按照团中央和中国少先队工作学会关于创建少先队工作学科理论体系的科研规划要求，在中共上海市委党史研究室指导下，由共青团上海市委员会、少先队上海市工作委员会组织编写的一本大型史书。对于沈功玲来说，这无疑是一个全新的挑战，但是，她愉快地接受了任务，因为她也渴望总结这段难忘的历史。

《上海少先队发展史》全面研究自1925年至2008年年底，上海少年儿童在中国共产党的领导和共青团的直接带领下，为了祖国的解放与发展、自己的生存与发展，自觉主动地参与革命和社会实践活动的历史。经过五年的艰辛努力，该书由上海教育出版社出版，成为献给新中国成立60周年和中国少年先锋队建队60周年的一份厚礼。

# 27

## 星星火炬　代代相传

"捧着一颗心来，不带半根草去。"教育家陶行知的这句格言，成了段镇的人生写照。

1998年12月，在江苏锡山召开的全国少工委三届四次全委扩大会议上，团中央为少先队工作定了位，即竭诚为少年儿童服务是少先队全部工作的出发点和立足点。段镇完全赞成这一定位，并努力从机制和队伍建设上去践行。按照段镇的心愿，他的冲刺计划目标集中在四个方面：第一目标是将雏鹰奖章活动进一步与学校课程和评价体系结合，形成新的少先队教育活动机制，实现少先队的长久发展；第二目标是实现少先队工作的网络化，因为只有引进网络，才能真正完成少先队的自动化；第三目标是加速培养中青年少先队专门家队伍；第四目标是繁荣活跃少先队的文化体育活动。

有人问道："谁能保证少先队永远存在呢？又怎能确保雏鹰奖章活动长期持续发展下去呢？"

段镇自信地回答："儿童社会化离不开儿童组织，而雏鹰奖章活动同课程与评价结合，从机制到体制都给予了保证，谁也难以改变。你想啊，真正好的东西谁会拒绝？上海许多学校实现队活动与课程一体化之后，少先队活动已由每周一节增加到八节！"

任何一项伟大事业的持续发展，都离不开科学的思想和坚强的梯队。段镇自然深知这些要素，并已经做了精心准备。

首先，他依靠上海、江苏、浙江的三名省级总辅导员沈功玲、华耀国、魏慈瑛（这三人均为段镇的弟子），建立了金三角科研协作区，并设立了若干个实验基地，扎扎实实进行课题研究。

其次，他以做课题的方式带徒弟。细论起来，段镇的徒弟已有四代：第一代以倪谷音、徐国英为代表；第二代以沈功玲、华耀国为代表；第三代以魏慈瑛、乐蕴韬为代表；第四代以时玉莲、杨芳和上海"九朵金花"为代表。"九朵金花"是九名年轻的少先队女工作者，年龄在24岁至31岁之间，分别承担"初中团队一体化""少先队工作电脑化和网络化""创造型集体建设""雏鹰兴趣章与创新精神的培养""少先队电脑网络活动探索""在学科建设中引进争章机制，培养创造精神""争章活动课程化与初中生自主发展""活动课程奖章化""九年一贯制学校社团建设"等课题的研究。"九朵金花"的课题均由段镇亲自抓，并有一套高标准的要求。

高尚的人格，广博的理论，丰富的经验，使段镇深受徒弟们的爱戴。上海一师附小的张雅珉老师写道：

> 当我还是戴着红领巾的少先队员时，我就认识段伯伯。我眼中的段伯伯：慈祥、可爱、幽默、朝气蓬勃。十几年后的段伯伯仍然是那样潇洒、风趣、执着，充满青春气息。岁月不曾在他身上留下印迹，70多岁的老人仍然保持着十几岁的童心、二十几岁的思维……我惊叹，段伯伯是不老的孩子王，在他身上改变的是岁月，不变的是心灵。段伯伯，孩子是您谱写的一首歌，徒弟是您雕琢的一块玉，事业是您描绘的一幅画。段伯伯，祝您永远年轻！

江宁小学（今江宁学校）的大队辅导员徐蓓娜说：

> 我心目中的段伯伯是一个具有"三有、两敢、一实"的人。"三有"即有精神、有思想、有标准。段伯伯虽然70多岁，但他总是精神抖擞，自信而执着。段伯伯所提出的许多关于少先队工作的观点、思路是鲜活的，是有深刻见地的。我想，这些和他几十年如一日的孜孜以求的工作精神以及争一流、求创新的高标准是分不开的。"两敢"即敢于探索、敢于改革。段伯伯喜欢独树一帜，别出心裁，他敢作敢为，敢为天下先，他一直走在时代的前列，冲锋陷阵，带领各级少先队工作者搞研究、创成果。归根结底为"一实"：段伯伯是一个实实在在的，值得尊敬、值得信赖的好导师。

1999年10月13日，是一个激动人心的日子，一亿三千万少先队员迎来了建队50周年的神圣纪念日。前一天，时任总书记江泽民欣然为少先队题词："星星火炬，代代相传。"怎样代代传？段镇立即写出《传什么》一文，提出要"传中创""创中传"，创造性地继承发展少先队的光荣传统，在新世纪中要着重倡导服务精神、科学精神、民主精神和创造精神等。

段镇、刘元璋、倪谷音、沈功玲等资深少先队工作者接到邀请，赴北京参加纪念中国少年先锋队建队50周年座谈会。会上，胡锦涛同志发表了讲话。

在这一天，共青团中央和全国少工委授予16位老一代少先队工作者"少先队工作突出贡献奖"，他们是：田桂英、刘元璋、江敬文、杜功礼、沈功玲、张先翱、李启民、吴芸红、张学周、段镇、倪谷音、徐国英、曹魁珍、黄绣谊、韩凤珍、韩振东。其中后三位已去世，由他们的家人代领奖牌。

同一天，团中央、教育部和全国少工委表彰了第二届"全国十佳少先队辅导员"。他们是：于执武、杨芳、苏翠玲、吴玉兰、周宏敏、乐蕴韬、时玉莲、魏慈瑛、刘森力、徐吟鹏。

表彰会结束后，段镇马上被鲜花和红领巾包围了，几代少先队工作者都向他衷心致谢。在荣获"少先队突出贡献奖"的少先队工作者中，有三人是他的徒弟；在"全国十佳少先队辅导员"中，又有四人是他的徒弟。段镇开心地笑了，这是对他的最高奖赏！

第二天上午，段镇又圆了一个梦。他与妻子李蕙芳一起去看望了病中的老领导胡德华。王业康、刘元璋、倪谷音、沈功玲等人都来了。最让人感动的是，摔伤了腿的吴芸红在丈夫袁鹰（原名田钟洛）的陪同下，坐着轮椅也赶来了。我有幸目睹了这次历史性的聚会，并拍下了许多珍贵的照片。他们在一起聊的主题总是孩子与少先队。

人世间团体繁多，然而又有几个志同道合的团体能在半个多世纪之后重新聚会？人海中朋友无数，又有多少海誓山盟的伙伴，能历经50多年的风风雨雨依然是知己？

2000年1月8日，段家来了一位熟悉的客人——沈婕。经历了迷茫与探索之后，她终于听从了内心的呼唤，决心从事幼儿教育工作。她辞去了外企办公室主任的职务，即将飞往加拿大多伦多专攻幼儿教育，行前特来向段镇告别。

段镇特别关心沈婕。早在1992年4月，他曾专门写信给张炼红，叮嘱她去帮助一下沈婕。他写道：

> 我收到沈婕发自华师大的信，她在外语班（大专）学习。来信没有写明在华师大哪个班（外语班是我听说的）。那是一封很长的信，叙述了她进校前的经历，说了许多想法。由于考不上本科，她怀着深

深的自卑心理，理想与现实有很大差距。她说在华师大看到你评优榜上有名，但一直没去找你。以往的沈婕朴实、纯正，现在可能正经历一个新的心理矛盾发展的过程，最需要关怀、鼓励和指点、启发。我希望你主动去找到她，关心这个小妹妹，同她谈谈心，端正她的一些看法，从实际出发，抱积极的态度，坚持正确的价值观、人生观……拜托了，请转致我的想念、问候，过些日子我会专门给她写信，请她告诉我她在哪个班、家的地址……

如今，那个自信而执着的沈婕又回来了，那个痴迷于教育的沈婕开始行动了，段镇怎能不激动万分？他像老父亲一样慈爱地问道："这条路可不容易走啊，你想好了吗？"

27岁的沈婕坚定地点点头。

"听说多伦多的房租挺贵，一个单人房间一个月至少2000元人民币，你怎么生活？"

"一边打工，一边学习，再争取奖学金。学成归来开办幼儿园，我要让那些脑瘫的儿童有一个快乐的童年！"

沈婕了解过上海的脑瘫儿童的生活，被深深地触动了，故而决定出国读幼儿教育的硕士课程。她相信，17年的忘年交——段伯伯，一定会支持她的选择。

望着初经沧桑走向成熟的沈婕，段镇眼前浮现出一个小女孩默默做事的形象。当年的红领巾理事会小主席，如今选定了帮助脑瘫儿童的崎岖小路，这是多么艰难而又崇高的选择啊！因此，当沈婕抑制不住激动，紧紧拥抱亲爱的段伯伯时，段镇落泪了。

他拥抱着即将远行的沈婕，喃喃地说："最美丽的！最纯洁的！"

# 28
## 你快乐吗

2002年5月，在联合国总部举行儿童问题特别联大，联合国儿童基金会敦促各国政府进一步贯彻《儿童权利公约》，并发起了全球性的"支持儿童"签名承诺活动。

段镇注意到了这则国际新闻，一个队干部的形象在他脑海中浮现出来了。她叫赵伊，是虹口区第三中心小学的少先队大队长，在六（1）班读书。

班主任樊老师（化名）是位又高又壮的男老师，文学修养深厚，极富幽默感，可就是脾气有些急。一次期中考试，六（1）班成绩不佳，樊老师生气了。

他说："凡两门以上不及格的同学，请站起来！"

11个孩子站了起来！

樊老师严厉地说："你们知不知道自己是毕业班学生？瞧你们这样子，还像少先队员吗？靠边！"

11个孩子愣了，不知所措地问："靠哪个边？"

"出去！"

气昏了头的樊老师见11个孩子可怜兮兮地往门外走，又叫道："站住！"

他叹口气，说："干脆，你们成立独立小队得了。"

他转过身来，巡视了一下全班，问："哪个少先队队长来管他们？"

一个男生是中队长，见老师目光盯着自己，马上推辞说："我不行，没有金刚钻，不揽瓷器活儿。"

樊老师又点两个中队干部，他们也都婉言谢绝。毕业大考之前，谁不想集中全部精力考重点中学？

"江东无人了吗？"

失望之中的樊老师话音刚落，大队长赵伊站了起来，自信地说："樊老师，我去试试吧！"

在全中队惊愕的目光中，赵伊当上了独立小队的队长。她要求队员们再选一名副小队长。大家你看我，我看你，一时不知选谁。老师示意一名留级两年的男生。

赵伊说："我是女生，正需要一个男生当副队长，你就先学着当吧。明天举行小队长就职典礼！"

第二天放学后，独立小队举行了第一次全体会议，气氛很沉闷。谁不知这是一个什么集体呀？队员连头也抬不起来。

赵伊拿出两个小队长标志，递给副小队长一个，说："这是我当小队长时用的，今天给你戴上。记住，一条杠表示一份责任。"

队员们被吸引住了，说："头儿，你戴什么？"

当时，刚放过一部电视剧《加里森敢死队》，剧中的队领导被称作"头儿"。所以，许多孩子这样戏称赵伊。赵伊也不计较，回答："我参加大队工作，戴三条杠；参加咱们小队活动，戴一条杠。"

队员们乐了，说："头儿，你两个标志都戴着吧，你是我们的四条杠的队长。"

赵伊说："现在全校都在争创自动化小队，大家讨论一下，咱们小队的目标是什么？"

一个队员哭丧着脸，回答："赵伊，亏你想得出来争创自动化小队，人家说我们'肚子里一包草，脑子里一包糨糊'。"

赵伊摇摇头，说："那是气话，怪我们自己不争气。只要肯争气，我保证你们进步，最后人人考上中学！"

"真的？"队员们几乎屏住了呼吸，但是他们都相信赵伊，因为她从来说话算数。

"我建议，咱们小队就争创自动化争气小队！"

"对，就争创争气小队，要当自动化争气小队！"

队员们一致通过了这个提议，情绪一下子高涨起来。在赵伊的组织下，他们还各自找出了毛病，制定了改进的措施，形成了一份小队决议。

小队会结束时，赵伊想了想，说："我当小队长的事，请你们千万别对我爸爸妈妈说。他们一心让我考重点中学，然后考重点大学，最怕我分心。"

"啊呀，头儿！"队员们感动得不知说什么好了。

又一天开始了。争气小队像模范小队一样，上课坐得笔直，眼睛瞪得溜圆，举手抢答问题，认真完成作业。樊老师喜得一个劲儿表扬。

段镇得悉这件事，马上给赵伊写来了一封鼓劲的信。他写道：

赵伊小同志：

听说你戴了"四条杠"——自告奋勇地担任了争气小队队长，我是非常高兴的。

对于你所采取的兼任小队长、帮助最困难的同志这一雷锋式的行动，我很钦佩，并表示最热烈的支持！

你立志为搞好争气小队做贡献，为帮助后进同志提高学业成绩做贡献，这是高尚的志向、高尚的行动。你的高尚行动，使我增加了对祖国现代化的信心，使我对党的伟大事业充满了希望。

希望你以饱满的少先队员热情，充分施展自己的聪明才智，依靠三个"心"——热心、虚心、耐心，努力把争气小队搞上去。

预祝你和争气小队全体同志成功！

握手！

段伯伯

这封信抄录在团市委少年部副部长高洁敏写的一份材料中。据高洁敏介绍，几天后，段镇又冒雨夜访赵伊家，详细了解这个小队的进展，并向其父母表扬了赵伊的高尚行动，以取得父母对女儿行动的理解和支持。在段镇的热情鼓励和辅导员的帮助之下，赵伊的工作很出色，在很短的时间内，就把这个小队的工作搞了上去。

的确，争气小队进步很快。可是，临毕业时，底子差的队员们心中发慌，纷纷找赵伊补课。赵伊一边帮大家补课，一边批评他们上课不够专心。队员们说，不是自己不想好，只是常常不知不觉"魂儿"不在了。

"魂儿"不在怎么办呢？赵伊忽然想起樊老师语文课上说的内容，她说："鲁迅是民族的魂。我们小队去给鲁迅扫墓。"他们来到虹口公园鲁迅的墓前，深深地鞠了一个躬，人人献上了一朵自己做的小花。

那次小队会他们专门请大队辅导员沈功玲一起参与讨论，什么叫"魂"？为什么国家有国魂、军队有军魂？我们少先队的队魂是什么？

学校开少先队代表大会时，赵伊交了一份提案，呼吁改革考试招生制度，批评只跟着分数跑的导向，指出这给开展少先队工作带来太大的压力。

原来，妈妈无数次警告女儿："你做一万件好事，也顶不上0.5分，而差了0.5分，你就进不了重点中学。你光忙少先队工作，到毕业时，学校开个荣誉证明又有什么用？"

妈妈的话不幸言中。

毕业考试来临，争气小队的队员们全部考进了中学，但付出超人辛苦的赵伊，却因一分之差，失去了进入市重点中学的机会。

这件事使段镇和沈功玲备感痛苦却又无可奈何。

段镇是理想化的，也是务实的，并且很敏锐。多年来，他一直关注在少先队工作中实现儿童的权利，但他始终感觉难以把握当代儿童的特点，更难以满足儿童的需求。作为中国少先队工作学会基础理论专业委员会的主任，他积极推动与市少年儿童研究中心和《少年日报》的合作，于2012年11月启动了对少年儿童心理需求的新一轮调查。

对全市59所小学和39所中学共98个少先队大队的调查研究发现，问题比10年前更突出了，快乐需求的呼声更强烈了。有72%的中学少先队员和42%的小学少先队员认为，参加少先队活动没有感到"很快乐"；有86%的中学少先队员和67%的小学少先队员对学习生活没有感到"很快乐"；对家庭生活没有感到"很快乐"的中学少先队员有48%，小学少先队员有38%。学校和少先队生活的快乐度都低于家庭生活，其中学习生活"很快乐"的认可度最低。

在那些日子里，段镇带领少先队专家们专门研究快乐教育。《上海少先队发展史》中有一段关于"少先队快乐论"的记述：

以上海社会科学院研究员段镇为首的上海少先队专家们首先分析了什么是快乐，认为快乐是一种积极的、肯定的情感体验，是人身心发展的本能欲望和有意需求获得满足后产生的满意、舒适、高兴的心理感受。快乐是一种积极心态、情绪，是人的一种乐观精神。快乐欲望是人生来具有并贯穿于人生始终的，是人生追求的目标。快乐是儿童的权利，快乐获得的主要途径是玩。对于快乐的要求，专家们认为：儿童的欲望除了生理上的需求外，还有心理和精神上的需求。快乐是人的一种情感欲望，可称为"乐欲"，含趣、爱、美、创四类。对现代儿童来说，快乐的要素首推自尊和自主。……由此，从现代人权来看，现代人只有被充分尊重，获得充分的自由自主，才能享受充分的快乐，发挥充分的创造力。段镇总结出快乐情感的功能主要有七条：动力功能、凝聚功能、导向功能、维持功能、强化功能、调节功能、健康功能。

经过允分的准备，2003年7月，市少工委制定了《上海少先队创建快乐中队推进计划》，该计划对快乐队建的依据、目的和主要内容进行了阐述，为创建活动的推进指明了方向。

上海市泗塘第二中学的"我快乐"中队，提出了"你快乐、我快乐，共同创建五快乐"的快乐目标。一是让每个人的眼睛快乐，口号是"用你明亮的眼睛，捕捉最美的瞬间"。他们将教室环境的改善作为让眼睛快乐的第一步，继而又开展了"火眼金睛"活动，用自己的眼睛来发现社会上的不和谐，并及时加以美化。二是让每个人的耳朵快乐，口号是"耳听八方，感受快乐"。他们开展了"文明止噪"活动，让耳朵清净下来；休息时间播放音乐，让耳朵高雅起来；创立了"每日聚焦"新闻社，让耳朵也关心起"窗外事"。三是让每个人的四肢快乐，口号是"手动动、脚动动，动中取乐，其乐无穷"。面对单调的娱乐活动，他们让"时光倒流"，重拾父辈们儿时的游戏；他们发挥自己的创造力，自编"快乐室内操"。四是让每个人的头脑快乐，口号是"动脑筋、好学习，获取知识真快乐"。他们设立"金点子俱乐部"，这是难题的汇聚地，更是成功的体验场；创办"电子小报"，这是知识的乐园，也是创意的天地。五是让每个人的心情快乐，口号是"主宰自己的心情，做快乐的小主人；使自己心情快乐的同时也想着使他人的心情快乐起来"。他们的"心语心愿"是敞开心扉、畅快交流的地方；"宁静港湾"是调整心态、寻求心理平衡的咨询阵地。在快乐的中队集体中，少年们一起探索快乐、体会快乐、分享快乐，宣泄掉压力和烦恼，真正拥有快乐的时光。

童年需要自由发展的广阔空间。在每个儿童心里，都渴望拥有一片属于自己的、能够自由飞翔的天空。少先队作为儿童自己的组织，是儿童自己管理自己、自己教育自己、自主自由地参与活动的快乐天地。

儿童的学习负担不仅仅来自学校，也来自家庭。当许多父母给孩子布置了超量的作业时，上海汽轮小学（今汽轮科技实验小学）的少先队员们以主人的姿态，与父母协商，合理地安排学习生活。如毕业班的王越同学与父母一起制订"作业平衡计划表"，在保证学习质量和全面发展的基础上，大大减少了作业量，仅一个月就多获得了19个小时的自由支配时间。

为了满足儿童自由发展兴趣爱好，展示自我，发挥潜能的渴望，上南路小学将创办学生社团的主动权还给孩子，成立"红领巾社团"，从报名到组建社团、竞选社长、制定章程、设计项目、开展活动等，每一个环节都体现儿童的自主自动性。社团活动充分尊重儿童的兴趣、爱好，全校18个社团都是在民意调查和自愿报名的基础上组建的；社团成员没有年龄限制，不同年龄的儿童在一起相互交流，更激发了儿童的兴趣；社团的活动内容由儿童提出，自主选择，社团的导师只进行一些必要的指导，而且导师也由儿童自己聘任，双向选择。社团活动成功地为儿童搭建了兴趣培养和个性发展的舞台，真正实现了以儿童的发展为本，使童年变得多姿多彩。

# 29 "中国制造"

改革开放后，中国人迎来了新的机遇，上海女孩汤玫捷就是一个幸运儿。

在复旦大学附属中学读高二的时候，她被推荐赴美国华盛顿西德维尔私立学校交流一年。西德维尔高中是华盛顿著名高中，不少美国政要的孩子都会进入这所学校就读。

刚到美国后不久，汤玫捷随同接待她的家庭去一所大学旁听一个中美经济论坛。论坛开始不久，主办方遗憾地告诉大家，由于飞机延误，原定出席论坛的两位中国演讲嘉宾无法到会。眼看着论坛中关于中国的声音越来越少，与会者无法了解中国的国情与立场，汤玫捷突发奇想：她想以一个中国孩子的眼光告诉美国听众，改革开放以来中国经济的发展以及政府和人民对待经济发展中出现的问题所采取的解决方案。

中场休息的时候，汤玫捷大胆地走到主席台前，希望主办方利用最后答疑的时间给她一次机会，她想谈谈自己的一些观点。面对这个目光中充满期待的中国女孩，主办方很惊奇也很感动，邀请她作为"候补演讲者"出场发言。据汤玫捷在《永远飘扬的红领巾：我们都从少先队中走来》一书中回忆：

当时我既兴奋又紧张，不知道自己的观点能否被美国人民接受，也担心自己的英语口语能否流利地表达自己的观点，好在这样忐忑又充满挑战的情景对我来说并不陌生，我凭着从小主持少先队自动化十分钟队会、雏鹰假日小队、主题中队会等的自信走上台去，这些"积累"锻炼了我的胆量与能力。

没有演讲稿，也没有事先的准备，我用自己最平实的语言和饱满的热情，告诉在场嘉宾中国的经济活力和巨大潜力，以及世界经济需要中国而不是提防中国崛起。演讲获得了很大的成功，观众站起来为我鼓掌，还有专家和学者针对我说的一些观点进行了提问。活动结束后，观众席里有一名教授还提出让我去参加他们每年举行的杰斐逊总统奖的角逐活动。

第一次踏上美国的国土，汤玫捷感受到了一种与在故乡时不一样的爱国情绪，更理解了故乡的意义。她开始有一种强烈的意识，自己时刻代表着祖国，"要尽我所能，为祖国为家乡尽自己的一份责任"。

美国学生大都喜欢运动，汤玫捷也不甘落后，她积极参与美国高中各类球队的训练。以前，她跑800米都紧张害怕，而第一次参加曲棍球热身运动时，她竟然跑完了4000米，不过是倒数第二名。但是，第二次训练跑的时候，她就变成了第四名。在加入球队两个星期后的第一场比赛中，她作为候补选手上场，离比赛结束还有10分钟，她为球队攻入了至关重要的获胜球。同学们兴奋极了，他们不敢相信中国女孩能创造如此奇迹。他们告诉汤玫捷，在曲棍球这样一个非常"新英格兰"的运动里，很少能看见中国学生的身影，他们为汤玫捷骄傲。西德维尔的校长当时也观看了这场比赛，他兴奋地打电话给时任中国驻美国大使杨洁篪，告诉他为拥有这样体育天分的中国交流学生而感到无比高兴。

学生以学为主。除了选最难的理化科目之外，汤玫捷还积极挑战非中国学生强项的美国历史等文科项目。许多美国同学见了她的美国历史论文题目都感到吃惊，居然是《美国政府在不同执政领导阶段对于萨达姆政权的完全不同作风以及美国政府对伊拉克采取军事行动的背后拥有的利益》，历史老师也认为这是一篇具有大学难度的论文。

汤玫捷觉得自己就像一个登山队员，在攀登属于她的珠穆朗玛峰。短短一个月时间，她阅读了20多本相关历史书，做了满满五本笔记。最终，她的论文获得了满分，并且成为全年级的优秀论文。当她结束一年的交流学生学习生活时，两名教过她的历史老师都主动为她写推荐信，推荐她去"任何一所想去的美国大学"。在这期间，她成为荣获杰斐逊总统奖的三名非美国籍学生之一。也许是因为这些重要因素，2005年12月，汤玫捷成为中国大陆唯——名被哈佛大学提前录取的学生。

一个中国女孩在美国创造的奇迹，引起了《纽约时报》一名记者的关注。他找到汤玫捷，想以她的成长为线索，捕捉中国教育改革给中国孩子们带来的机遇和成长。汤玫捷同意了，她说："我是地地道道的'中国制造'，中国有无数个像我这样的孩子正在慢慢地成长起来。"

经过长达一年的跟踪采访之后，2007年4月，《纽约时报》记者在周末特刊上用近20页的篇幅，介绍了汤玫捷的成长，并且分析了中国新时期素质教育的新模式及成果。这是当时美国媒体少有的大篇幅褒奖中国教育的报道。

说来也有缘，我曾经见过汤玫捷两次。第一次见面是在北京的一次会议期间，她兴冲冲地跑过来说："孙叔叔，我是上海的汤玫捷，我认识您，因为您的书让我困在图书馆差点回不了家！"

"啊？怎么回事？"

原来，她在上海武宁路小学时，经常到学校图书馆看书。有一天下午，她看了我写的关于自动化小队和自愿组队的长篇小说《金猴小队》，不知不觉竟入迷了，因为这里面的故事就是他们的生活呀！没想到，等她看完的时候，才发现图书馆已经关门了……

听到这里，我们两个都哈哈大笑起来，可惜那一天来不及细谈。

2019年6月15日，我来上海开会，特约已经回国创业的汤玫捷见面一叙，这才揭开了她与少先队的不解之谜。

汤玫捷感慨地说："其实我就是上海一个特别普通家庭的孩子，但是，少先队给了我许多锻炼的机会，我还被推荐为上海红领巾理事会的理事。记得初一那年，在段伯伯和沈功玲老师的鼓励支持下，我们理事会一起积极策划，准备在上海的东方网组建一个名为《东方少年》的少儿栏目。当时，大名鼎鼎的东方网在我们心中是由大人们办的了不起的大网站。第一次进入文新报业大厦42层时的忐忑不安，我依然记忆犹新。我对网页制作和网络信息安全有浓厚的兴趣，并做了许多探索和研究，被伙伴们推选为《东方少年》的总策划。我们自己为自己加油，从栏目开通到一年内的三次大型改版，再到为少代会做直播……网友数量不断增多，网站甚至一度成为同类中的点击率冠军。

"当年大年初一的时候，我们几个小理事去看望段伯伯，汇报我们的工作。段伯伯饶有兴趣地听着，不时问我们一些问题，例如他问我们靠什么能够坚持下来？我回答：'相信我能行，祝贺他能行，合作大家行。'这句座右铭给我们力量。段伯伯听了很开心，临别的时候，还向我们敬队礼。有段伯伯的有力支持，我们信心百倍。"

# 30

## 竞选大队委员的辅导员

熟悉上海少先队的人都知道，在蓬勃发展的少先队事业中，源源不断的人才链起了重要作用。就团市委层面来说，不仅有一任任的年富力强的少年部部长，还从1991年开始，制定了设立市少先队总辅导员的制度。这为倡导少先队工作专业化发展和留住人才创造了条件。同时，在各区县教育学院选拔有专业素养的人才担任少先队教研员，形成了"三驾马车"并驾齐驱的格局。

多年来，段镇与沈功玲精诚合作，创造了上海少先队发展的许多奇迹。在他们之后，谁能担此重任呢？2008年，已经在团市委工作了16年的赵国强，历任少年部科长、副部长、部长和组织部部长后，接任市少先队总辅导员一职。2009年，赵国强被任命为上海团市委党组成员、副巡视员。

对沈功玲和赵国强等少先队专门人才的发现与举荐，段镇都是极为关键的人。

段镇是1988年秋天认识赵国强的。那时，赵国强担任上海市普陀区中心小学（今普陀区朝春中心小学）少先队大队辅导员已经两年。段镇来这里蹲点，发现赵国强有爱心有能力，是一个深受少先队员欢迎的辅导员。

1988 年 10 月 13 日是少先队建队 39 周年纪念日，在普陀区中心小学大操场上，第六届大队委员会正在换届竞选，每一位候选人向全校队员做竞选演讲并接受队员民主评议。大队辅导员赵国强出人意料地加入了竞选者的行列，因为工作使他越来越认识到：一个称职的大队辅导员既是队员们的指导者，又是队员们的知心大朋友，在大队委员会中享有与其他大队委员民主平等的一票。大队辅导员是校长任命的，但在队员们的心目中究竟占了多大位置？能不能受到他们的信任和拥护？带着这些疑问，赵国强勇敢地走到了全校队员的面前，参与了差额民主选举的全过程，接受全校"选民"的评选。

当小主席宣布赵国强以 96% 的最高票当选时，当校长把辅导员的标志——鲜艳的红领巾戴上他的脖子时，全场响起了一阵阵热烈的掌声。这掌声，说明这个做法得到了队员们的广泛认同。

赵国强的这个非同寻常的举动，得到了段镇的坚定支持，因为大队辅导员自上而下的行政任命和自下而上的队员选举评议相结合，是对建队以来辅导员由校长任命制度的改革。这项改革大大促进了辅导员工作的民主化，它使辅导员时时意识到自己是队员选举出来的，应该对队员负责，自觉接受队员的民主监督。

这项改革在上海逐步推广开来，市、区县红领巾理事会的换届选举也进行了改革。近年来，武宁路小学、长宁区实验小学都做出"平起平坐"的决定，大中队辅导员和少先队员"公平竞争"，接受全体队员选举评议。

实际上，辅导员参加竞选的确是一个挑战。少先队员们的权利意识不断提高，如果他们不满意辅导员，完全可能投反对票或弃权票。不断创新的少先队事业急需人才。1991 年，赵国强担任普陀区团委少年部部长，第二年调入团市委少年部。

令段镇欣慰的是，年轻的赵国强有国际眼光，并且有探索的勇气。

2002年8月，他参加了上海市委组织部组织的管理干部外向型培训，有机会在美国学习半年。他虽然英语水平有限，却渴望了解国际儿童组织的真实情况，就自己找到美国男童军总会，表达愿意学习交流的强烈愿望，成为第一个进入美国男童军总部实习的中国少先队工作者。

2009年大年初七，段镇邀请赵国强和他的爱人去家里吃饭。其实，在团市委少年部工作多年，赵国强多次来段镇家吃饭，但这一次邀请，显然是有要事相商。

赵国强理解，年逾八旬的段伯伯最大的心愿是创立少先队学，创建少先队学科群。

果然，段镇兴致勃勃地谈起了学术研究与少先队工作的关系，描绘了创建少先队学科群的四年规划，还阐述了五个原则：

一是坚持少先队改革创新。解放思想，实事求是，与时俱进；勇于理论创新、方法创新、机制创新、文风创新。

二是坚持理论与实践结合，实践第一。从实践中来，到实践中去。

三是坚持科研的群众性。从群众中来，到群众中去；专兼群结合，老中青结合。

四是坚持海纳百川的开放性。既重视批判地继承，又善于借鉴古今中外一切进步教育思想和先进经验。

五是坚持与教育科学研究、社会科学研究的整合和协作，又凸显少先队组织的独特性。既主动融入，又避免泛化。

段镇望着新任总辅导员赵国强说："你已经在学校和市、区少先队的岗位上历练多年，在理论与实践的结合上取得了不少成绩，可以承担更重要的理论攻关任务了。"他希望赵国强承担起编写《少先队管理学》和《国际视野下童军组织比较研究》的重任。

赵国强感受到了老前辈的高度信任。虽然他未受过学术研究的专业训练，但他觉得在实践中学习与探索更为重要，关键是有一颗与少先队共命运的赤诚之心。于是，他接受了段镇的重托。

少先队的工作千头万绪。

段镇所牵挂的事情，经过长期的努力，逐一得到落实。

第一件事，段镇一直关心少先队辅导员的职称评定。多年以来，在少先队辅导员队伍建设上一直存在一个瓶颈问题，就是辅导员从事少先队工作的业绩无法成为他们参评教师职称的主要依据，存在着"干什么"和"评什么"脱节的问题。

2011年，上海团市委、市教委、市人保局、市少工委联合制定《关于进一步加强新时期少先队辅导员队伍专业化建设的若干意见》，正式启动辅导员职称评定工作，后来相关部门又制定了上海市《少先队辅导员参加中小学少先队教育科目教师职务评聘办法（试行）》。

自2012年首批辅导员参评中学高级教师职称起，截至2019年12月，上海市共有82名少先队辅导员获评中学高级教师职称，这在全国是绝无仅有的纪录。

第二件事，段镇一直呼吁高校开设少先队学科的课程。

2012年，在团市委、市少工委的推动下，在华东师范大学的大力支持与积极努力下，华东师范大学在教育学一级学科下自主设置"少年儿童组织与思想意识教育"研究生教育二级学科，旨在从源头上提高辅导员专业素养，为未来从事辅导员工作的在校师范生和在职辅导员提供培养和深造平台。2014年，通过全国硕士研究生统一招生考试，该专业共录取17名在职少先队工作者和5名应届生。

积极推动在师范类高校开课、开专业是建立学科的重要条件和标志，是推动学科不断深入发展的主要机制，是从源头上提高辅导员专业素养的主要渠道。华东师范大学在师资队伍上采用内外结合、专兼群结合，聘请了16名上海少先队名师为少先队学科的客座教授，成立由华东师范大学、共青团上海市委、上海市少工委、上海社会科学院、上海青年管理干部学院、上海市少年儿童研究中心等共同组建的"少年儿童组织教育研究中心"。上海市少先队工作学会作为一级学会，也吸收与学科建设密切相关的有影响的老、中、青学者和少先队工作的实践者，共同来推进学科建设。上海市少先队工作学会还积极推进上海师范大学本科开设少先队专业课。

这些难题的逐一解决，让年迈多病的段镇备感欣慰。

2013年12月27日，是段镇的85岁生日，老人接受着家人和朋友们的热诚祝贺，却也暗暗想着心事。他知道自己的身体越来越差了，但许多宏伟的计划远远没有实现，这让他时常感到焦虑。

这天下午，赵国强来看望他，并上交了《少先队管理学》一书的初稿，让段镇无比高兴，他看到了希望。

随后的十天里，段镇都在审读这部书稿，用颤抖的手写下长长的修改意见，还概括出《我的修改根据、思路》。例如，他特别提出并建议：

"使学科性表达更加完整准确，具有严密性。

"宏观着眼，微观为重。宏观要从政治、经济和大教育着眼看少先队；体现中国特色社会主义现代化的战略发展需求；突出党的领导，党性同人民性、人民立场和童性队性立场的统一。微观为重，强调少先队专业性和可应用的操作性。

"少先队管理学是教育管理学的'补白'和改革创新。"

《少先队管理学》出版后，段镇写了热情洋溢的推荐文章，在2014年第九期《辅导员》杂志发表，题为《大家来学一点少先队管理学》。他写道：

> 《少先队管理学》在少先队学科体系中处于最基础的地位，该书从少先队领导层、辅导层、主体层三个维度，构建了少先队管理学的

理论框架，体现了推进国家治理体系和治理能力现代化以及社会主义核心价值观要求，具有一定的原创性。它是对中国特色教育科学的一项突破性发展，填补了教育管理学的一项空白。

…………

《少先队管理学》所提出的"三爱""三我""三自""三童""三问""三能"则概括了少先队管理的基本要素：

"三爱"——爱学习、爱劳动、爱祖国是少先队员成长之基、成长之桥、成长之魂；

"三我"——我自主、我快乐、我创造；

"三自"——发现我自己、发挥我自己、发展我自己；

"三童"——讲儿童听得进的话，干儿童心中盼的事，做儿童信得过的人；

"三问"——问计于童、问需于童、问"效"于童；

"三能"——相信我能行、祝贺他能行、合作大家行。

2014年5月11日，上海市少工委发放了110万份"梦想风车"，征集孩子的七彩梦想，在"十大梦想"中，"每天能和爸爸妈妈一起吃晚饭"名列第一。

这件事触动了赵国强，因为家队结合一直是段镇倡导的方向。作为上海少先队总辅导员，他带领大家讨论：为什么有关父母陪伴类的梦想获得了孩子们最多的向往和认同？这表明现在的少年儿童对于父母的需求已不仅仅停留在物质上的满足，更多基于精神意义上，对于陪伴、平等、沟通的需求日益突出。

经过反复论证，上海少工委策划了以"儿童节"等节日为时间轴的"感恩卡"活动。少年儿童写下感恩话语后，将"感恩卡"赠送给父母，父母即可通过扫描感恩卡二维码获得一份孩子送给家长的个性化电子感恩礼物，"萌动上海"微信公众号从此诞生，开始走进千家万户。

2016年建队节时，"萌动上海"发布《当年戴着红领巾的样子，你还记得吗?》一文，通过新老照片的对比，以生动的内容感染父母们。在教师节，发布《有一些教师叫辅导员，有一种感谢叫有你陪伴》等温暖、打动人心的文章。

2019年少先队建队70周年期间，上海市少工委通过"萌动上海"发布"寻找红领巾的记忆"活动。广大少先队员以家庭为单位开展了寻访活动，祖孙三代共同讲一讲红领巾的故事，找一找少先队老物件，勾起了家庭中关于少先队的珍贵记忆。同时，家庭、队员、学校、辅导员老师等各类群体还通过"萌动上海"参与线上互动，"看一看经典少年儿童电影""听一听少先队历史故事""唱一唱红领巾歌曲"等活动唤起了不同年代少先队员的记忆。

少先队创办的媒体怎么能够吸引广大父母关注呢?"萌动上海"坚持从父母的视角出发，将心比心，及时讨论总结每周阅读量变化原因，从中发掘父母们关心喜爱的主题，以此不断丰富素材的搜集面。其中，关于孩子成长琐事和夫妻趣事的文章往往能够引起强烈共鸣。如《抱着抱着，你就这样长大了!》用漫画的形式，回顾了孩子成长的各个阶段母子拥抱的变化，温馨感人，获得了超70万的阅读量。

为缓解父母们的焦虑，赵国强倡导"让孩子们成长得更好"名校长公益大讲堂与"萌动上海"结合，通过新媒体方式进一步扩大宣传影响力。将线下讲座内容通过在线直播、建立微信家长社群的方式进行二次传播，重点针对孩子、家长在学校教育、家庭教育、社会教育和组织教育中的焦点问题，提供专业、权威的教育方法，进一步促进孩子们快乐生活、全面发展、健康成长。2017年至2019年举办五季活动，邀请近30名沪上知名校长，线上线下共服务350余万人次。

截至2019年10月底，"萌动上海"微信公众号共发布567条微信，阅读量达651.8万，粉丝数量57.2万，在上海政务微信公众号及全国省级共青团微信公众号排行榜中名列前茅，获得《解放日报》评选的上海政务新媒体"最佳传播奖"。

赵国强与林频合著的《国际视野下童军组织比较研究》一书，于2015年由上海人民出版社出版。赵国强在接受《青年报》记者采访时表示：

> 少先队教育的现代化不能不研究国际儿童组织，我们需要打开眼界。儿童组织国际比较研究，就是打开了一扇了解世界的窗口。通过这扇窗口，少先队工作者身在中国，放眼世界，塑造国际视野和世界眼光，在比较研究中促进中国少先队事业，特别是校外和社区少先队工作实现新常态，取得新发展。
>
> …………
>
> 本书的出版，我要特别怀念"少先队学科丛书"的倡导者段镇同志。他自从出版《少先队学》后，一直致力于少先队学科群的建设，倡导和鼓励年轻同志著书立说。他在生前为丛书撰写了前言，并对本书书稿的完善提出了许多宝贵的意见。本书的出版，也是对段镇同志最好的告慰。

# 31

# 段伯伯，您在哪里

接触过段镇的人，大都会留下他永葆青春、精力过人的印象。其实，他的身体早已经亮起红灯。熟悉他的人才会明白，为了履行30多年前的一个承诺，他朝少先队的理论高地，用生命发起最后的冲锋。

1983年4月，段镇来到繁花似锦的广州，出席全国少先队科研规划与少先队工作学会会议。这是一次意义深远的会议。这次会议由团中央和中国社会科学院青少年研究所联合召开。胡锦涛同志出席了会议并做了重要讲话。

多少年来，段镇勉励自己的格言是：甘为红领巾孺子牛，誓当少先队敢死队。少先队的理论高峰耸立在前方，他怎能不发起冲锋？

从广州回来，段镇立即行动起来，很快就试办《上海少年工作通讯》。1986年2月更名为《少先队研究》，属上海地区内部刊物。2013年，经多方努力，该内刊正式申请刊号，更名为《上海少先队研究》。为提升全国各地专家学者的参与程度，扩大刊物在全国的学术影响力，2016年《上海少先队研究》经批准更名为《少先队研究》。目前，《少先队研究》是全国少先队系统内唯一一本以少先队理论研究为主的专业性学术杂志。

与此同时，段镇采用调查研究、总结经验、教育实验、文献资料研究等多种方法，一边实践，一边写作。《少先队教育学》于1985年3月正式出版，这是中国第一本少先队理论专著。段镇作为主编，不仅设计了全书，还撰写了理论的主体部分。与许多学者不同的是，书里不少的理论都是段镇实实在在干出来的。

当许多人为《少先队教育学》的出版欢呼雀跃的时候，段镇却非常冷静，因为这只是他的一个初级目标，更重要的是，他想独立撰写出一部《少先队学》，同时组织编写少先队学科的系列作品。

2008年7月，经过25年的奋斗，80岁的段镇独立撰写的《少先队学》正式出版。这是中国少先队历史上第一部学术性专著，被中国第一个少先队专业的教授张先翱誉为"少先队学科的奠基之作"。《少先队学》的理论阐述以马克思主义的发展学说为指导思想，以少先队主体化思想为核心，以少先队创造性实践的新经验为基础，重在面向现代化、面向世界、面向未来。全书53万多字，共有"十论"，即十个篇章：绪论、儿童论、组织论、教育论、快乐论、创造论、活动论、辅导论、改革论、借鉴论。

2008年9月12日，段镇少先队学术思想研讨会在上海社会科学院隆重举行，该会由上海社会科学院、团市委、市少工委联合主办。这次研讨会与1991年举办的段镇少先队教育思想研讨会不同，这次段镇呕心沥血25年完成的《少先队学》出版了，并且荣获上海社会科学院学术杰出贡献奖。我有幸见证了这次少先队学术盛会。

许多人并不知道，就在研讨会举行前的一个月，段镇病危住院。

一天晚上，段镇正准备洗澡的时候，突然摔倒在浴室里。妻子听到动静，赶紧跑过来，马上通知儿子把老父亲送进医院。医生诊断为心肌梗死，心脏血管几乎都堵住了，但幸运的是有一根新生长的小血管还通畅。医生一面发出病危通知，一面紧急为段镇安装了几个支架，将堵塞的血管逐一疏通。

转危为安的段镇乐观而幽默，称自己新生长的血管是"红领巾血管"。

全国少工委副主任、中国少先队工作学会副会长陈冰清出席段镇少先队学术思想研讨会，并代表全国少工委和中国少先队工作学会宣读贺信：

　　段镇同志是勤耕不辍的实践先锋，他率先倡导了"少先队主体化思想"以及以主体化思想为核心的儿童观、组织观、教育观、活动观和辅导观等观点和实践，具有广泛而积极的影响，为增强少先队组织活力、服务少年儿童健康成长做出了积极的贡献；段镇同志是献身少先队事业的楷模，他几十年如一日，热爱少先队事业，心系少年儿童，勤勤恳恳、兢兢业业，以甘为孺子牛的奉献精神，以敢为天下先的创新勇气，全身心投入到少先队事业中去，展示了少先队工作者的时代风采。段镇同志的少先队学术思想是少先队事业发展的宝贵财富。深入研讨段镇同志少先队工作的成功经验，交流展示新时期少先队工作的成果，既是对段镇同志多年来少先队学术成果的充分肯定，也是对上海少先队事业蓬勃发展的集中展示，必将对新的历史条件下推动少先队事业发展、更好地服务少年儿童健康成长发挥积极的作用。

可以说，全国少工委和中国少先队工作学会给予段镇的高度评价，已经成为少先队界的历史定评。

来自全国的专家学者给予段镇许多真诚的赞誉。

上海社会科学院党委书记、院长王荣华做主旨发言。他说：

　　段镇以马克思所论及的人的"自由发展"作为少先队的追求目标，提出了重要的观点：主体化的目标是解放儿童和发展儿童。人的解放与发展要从儿童开始。因此，少先队要坚持主体化思想，促进儿童的全面解放和全面发展。

　　段镇认真研究教育科学的最新成果，着重构建儿童自我教育理论，突出对儿童需要的关注，提出了自主与快乐是儿童最重要的两大需要的判断，为少先队学打下了心理学基础。此外，段镇在研究社会学理论基础上，从组织的角度研究儿童组织的特点及其运作规律，在长期的少先队实践中，发现了儿童在组织中自己教育自己、自己管理自己的强烈愿望和内在潜能，创立了少先队自动化理论，为创新组织建设理论做出了贡献。

一辈子从事少先队事业，担任中国少先队工作学会名誉副会长的张先翱教授，从少先队专业的角度做了发言。他说：

> 《少先队学》有着显著的少先队的特性和个性。少年儿童教育有四个支系统：学校教育、家庭教育、社会教育、少年儿童组织教育。它们的目标一致，都是培养"四有"新人；其特性、个性、任务、教育途径和方法有所不同。《少先队学》说的、论的是少先队。我很赞成少先队学是教育学的一个分支学科，是少年儿童组织教育学的观点。矛盾的普遍性寄寓于矛盾的特殊性之中，共性寄寓于个性之中。少年儿童教育的共性分别寄寓于四个支系统的个性之中。《少先队学》写出了自己的个性，而不是教育学的翻版。它为我国教育学的发展和创新做出了历史贡献。本书绪论中提出少先队主体化思想是少先队学的核心思想，这是《少先队学》的特性和个性所在。

在充分肯定段镇的学术成果的同时，与会专家学者也提出了一些修改建议。其实，这在学术界是十分正常的，许多学者对于他人的意见只是听听而已，以见仁见智为说辞，一般不考虑再做修改。但是，段镇却一丝不苟、逐字逐句地推敲修改，因为他深知这是一项填补空白的探索，需要严而又严，慎而又慎。亲朋好友见他费尽苦心，纷纷劝他请研究所的年轻博士帮忙，他却坚持独立完善自己的作品。

我在中国青少年研究中心工作了30年，接触国内外专家学者无数。坦率地说，像段镇《少先队学》这样集70年的丰富实践，总结提炼成的学术专著，在全世界都可能是凤毛麟角，在儿童组织领域更是绝无仅有的创举。

2013年，六一儿童节前夕，中共中央总书记、国家主席、中央军委主席习近平向全国广大少年儿童发出节日祝贺。习近平总书记深情勉励孩子们"从小就要立志向、有梦想，爱学习、爱劳动、爱祖国，德智体美全面发展，长大后做对祖国建设有用的人才"。段镇深受鼓舞，他第一时间在《上海少先队研究》上发表文章，畅谈学习体会。他欣喜地写道：习近平总书记"在同儿童亲切交谈中发表的系列讲话，对我们基础教育与少年儿童工作者来说，犹如吹来了一阵暖风、清风和新风，带给我们最大的示范与启示，就是在讲话中所体现的新型儿童观和教育观"。

2014年是段镇生命的最后一年，已经86岁高龄的他依然与少先队的发展实践保持密切联系，依然在精心修订自己的专著。

据静安区少先队教研员、段镇的研究生班成员刘民回忆，2014年4月的一天，段镇去闸北区参加少先队活动课推进研讨会，此前他已进行多次课题指导。刘民心疼地发现，段伯伯走路已经有些拖脚了，上楼梯要停几次才能上去。

段镇是一个敏而好学、手不释卷的人。2014年六一儿童节前夕，他从报纸上看到，习近平总书记来到北京市海淀区民族小学，参加学校少先队主题队日入队仪式，并主持召开座谈会，发表重要讲话。段镇一边读，一边频频点头，认为习总书记指明了少先队发展的方向。他决定将自己的理解与修订《少先队学》结合起来，同时叮嘱少先队学科建设参与者深入学习。

还有一件事也让段镇开心，2014年5月28日，上海市委、市政府出台了《关于进一步加强少先队工作 促进少年儿童健康成长的意见》。该意见指出，少年儿童是中国特色社会主义事业的未来建设者和接班人，加强少先队工作，促进少年儿童健康成长，是人民群众的普遍愿望，是党和政府的重要责任，也是上海改革开放和社会主义现代化建设的基础性、战略性、前瞻性工作。为深入贯彻落实党的十八大和十八届三中全会精神，充分发挥少先队组织在促进少年儿童健康成长中的重要作用，让每个少年儿童快乐自主全面发展，提出了准确把握新形势下的少先队工作，全面提升少先队服务少年儿童健康成长的能力和水平，构建学校、家庭、社会共同支持少先队工作促进少年儿童健康成长的良好格局，切实加强对少先队工作的领导和指导等四个方面十三条意见。

这一年的六一儿童节，段镇最后一次参加上海的少先队代表大会。据著名少先队教育专家、向阳小学校长洪雨露回忆："这是我最后一次见到段老，他是拖着病体来参会的。段老一生都在无私奉献，勇于创造，我们这代人都是他培养出来的，他是我永远的导师。"

据2014年10月21日《青年报》报道，洪雨露手里珍藏着段镇写给他的两封亲笔信。第一封信写于1979年4月26日晚上，那天段镇来向阳小学蹲点，很欣赏一年级的建队计划。他写道："应该让全体到了年龄的孩子都戴上红领巾。""对少年儿童不应该是教育好了再组织，而是应该组织好了再教育。"正是因为这封信，向阳小学成为上海市第一批全体适龄儿童都戴上红领巾的示范学校。后来，向阳小学开展"玩"的课题研究，段镇也向全国推荐。第二封信写于2007年1月，段镇写道："希望你能成为有独特教育思想的教育家。"

少代会后，段镇便住进了华山医院。

那几年，段镇年年住院，所以医生们都非常熟悉他的做事风格，知道他住院一定会忙于工作，便特意为他安排靠窗的床位。窗边还有一张小桌子，便于段镇堆放书稿和资料，也方便接待来访的人。

段镇的确是不同寻常的病人。他总是提醒家人："不要动不动就叫医生和护士，他们是很辛苦的啊！"赶上节日的时候，他会给有孩子的医生护士送儿童礼物，甚至发起举办病人与医生护士的联欢会。

果然，段镇这次住院，还是惦记着许多少先队工作。他请上海市区团委少年部的干部和一些校长、辅导员来谈工作，还分别请赵国强和少年儿童研究中心主任杨江丁来长谈，每个人都谈一个多小时。当他们走后，他便瘫倒在床上，一点力气也没有了。

8月的一天夜里，段镇在梦里呼唤："陆老师！陆老师！"

护士听到后告诉了李蕙芳，并问："陆老师是谁？"李蕙芳明白，丈夫可能是想见长宁区少先队教研员陆峥，可是陆老师正在美国啊，这可怎么办呢？

陆峥是1994年进入长宁区实验小学当大队辅导员的。因为富有创造性，被评为全国优秀少先队辅导员，后来担任长宁区少先队教研员，也是段镇少先队学课程的研修生。她最感谢的人就是段镇，段镇不仅指导她开展快乐双休大转盘活动，还像亲人一样关心她的发展。因此，在美国的陆峥听说段伯伯叫她，马上返回了上海，来医院看望段镇。

陆峥暗暗流泪了，因为眼前的段伯伯太瘦了，而且人很黄，皮肤都耷拉下来了。可是，段镇握住她的手，用微弱的声音问："陆老师啊，你好吗？少先队好吗？"

9月21日下午，应上海社会科学院和上海市妇联的邀请，我在上海图书馆讲家庭教育课。

课后，在沈功玲的陪同下，我们一起去医院看望段镇。黄昏的阳光依然明亮，照在86岁的段镇身上，他坐在靠窗的病床上，银白的头发很稀疏，显得更加清瘦。我们一见面，双手便握在了一起，他的手虽然乏力却是暖暖的。

我告诉他，这次回北京，我们中国青少年研究中心和《辅导员》杂志一起，要为张先翱教授的少先队教育思想开研讨会，我来主持。段镇连声祝贺，说老张是中国少先队第一教授，他挥挥拳头表示要去北京参加。实际上，我们都清楚，他已经难以出远门了。

为了气氛轻松一些，我开玩笑说起某个儿童剧演员说过的话："如果我有一把枪，就把不重视少先队的人消灭光！"段镇笑了，一脸慈祥地说："要和啊，要柔啊。"我惊叹段镇年迈体弱却头脑清晰，那天见面，他提出一个重要的观点：如今存在重儿童轻少年的倾向。

启慧学校是一所特殊教育学校，学生多是有一定障碍的特殊孩子。该校尹岚校长和一位陈副校长回忆说：

> 我们在段伯伯去世前一个月去医院看他，他身体非常虚弱，却还是谈起自强教育。我们以前去段伯伯家多次，专门研究智障儿童的自强教育。段伯伯两次来我们学校，因为他要解放每一个孩子。他提出以生活适应为核心，培养学生的自理自立能力，减轻家庭和社会的负担。段伯伯拿自己的钱，为孩子们发红包，说"恭喜发才"不说"恭喜发财"，鼓励做好蛋不做坏蛋。具体怎么做呢？记住三句话，争取获得五朵花。三句话是：我能行！我真棒！我快乐！五朵花：一是象征爱的玫瑰花，二是象征勇敢的蜡梅花，三是象征团结的石榴花，四是象征向上的芝麻花，五是象征宣传的喇叭花。这些智障孩子的积极性被激发出来了，他们有的练习吹号和打鼓，有的练习把珠子穿成球，有的竞选大队委员。有一次，段伯伯来了，在校门口站了很久，兴致勃勃地欣赏孩子们的鼓号队表演，从迎宾曲到出旗曲再到退旗曲。他还在我们学校召开特教类少先队工作研讨会，全市16所特殊教育学校的代表都参加了。

段镇的病情日趋严重。他的手上和脚上24小时都打着吊针输液。为了能坚持写作，他尽可能用左手输液。后来，他的胃部重度糜烂，食管静脉曲张，不能自己吃饭了，只好插鼻饲管，瘦得皮包骨头，非常痛苦。他全身无力，字写不成，话也讲不出，示意妻子李蕙芳帮助翻译。有位看望他的女老师非常难过，转过身去偷偷落泪。

段镇感觉到自己快走到生命的尽头了。一天，他流着泪对妻子说："我多么希望能活到90岁啊，能看到党的十九大召开！"

自从段镇住院后，沈功玲经常来看望。段镇有太多的事情要与她商量，希望她每隔两天就来一趟。10月4日下午，沈功玲又来了，但她万万没有想到，这是她与恩师的最后一次见面。据10月21日《青年报》报道：

那天段镇交给了她两个文件袋，一个装着2500元钱，一个里面是厚厚一摞发黄的资料。

2500元钱原本是给普陀区一所学校的。"学校有个少先队工作的项目，段伯伯觉得这个项目好，我们要支持，他自己掏了2500元，我也拿出2500元，一起给学校，算是种支持。"不过学校不肯收，说有经费，硬是给退了回来。"段伯伯一直这样，偷偷拿自己的钱支持学校做事。"沈功玲说。

那摞发黄的资料却让她傻了眼，那全是和她有关的材料。1980年9月9日她手写的《抓守则，创新风》原稿；1982年7月连续发表了她两篇文章的《光明日报》；刊载了她少先队工作理念的《青年问题研究》杂志；在劳模大会上的发言；等等。所有这些上世纪七八十年代的材料，有的都出现了霉点，却被整理得清清楚楚放在了文件袋内。文件袋上写着"沈功玲成功及先进材料"。

1979年，沈功玲还是虹口区第三中心小学大队辅导员，段镇来学校蹲点，一蹲就是好几年。这些材料，就是在当时收集的。"我自己都没有想到要留下来，段伯伯却那么有心。"

2014 年 10 月 15 日 19 时 18 分，把全部身心献给了少先队的著名教育家段镇与世长辞！

那天晚上，沈功玲正在北京，在中央团校讲少先队的课。下课后，她惊讶地发现，手机显示着李蕙芳十几个来电，原来最担心的事情发生了。

段镇去世震动了全国少先队界。93 岁的著名少先队老前辈吴芸红，从在上海做党的地下工作期间，就与段镇一起办《新少年报》，后来担任过中国少先队工作学会副会长，并且编著了《中国少年儿童运动史》等作品。她闻讯后，用颤巍巍的笔给段镇的妻子写信。她写道：

> 惊闻段镇同志不幸去世，心里流泪不止，多年好友，一旦离去，真是想不到呀，太意外了！他一生为少先队工作，为少年儿童工作，付出了多少？付出了他的全部心血和健康！

吴芸红的先生、著名诗人袁鹰写道：

> 惊悉噩耗，哀悼之至！想不到比我们年轻许多、身体健壮的段老弟，竟先我们而去。总因他不顾自己的病，忘我工作，为下一代事业呕心沥血，做出贡献，他永远同我们未死者在一起，他永生在阳光事业中！

10 月 21 日《解放日报》发表作家金声怀念段镇的文章：

> 带着经典的孩子般纯真的笑容，戴着心爱的鲜艳红领巾，段镇走了，就在庆祝中国少年先锋队诞辰 61 周年两天后的 2014 年 10 月 15 日。毫无疑问，段镇这个名字在上海乃至全国少先队教育的领域里所

烙下的印记将永远不会磨灭，并且也一定会是一个他所经历过的这个时代所造就的无法复制的传奇。

段镇作为中国少先队教育理论的奠基者之一，他的研究成果极其丰富，著作可以等身。他在长期的少先队教育实践中所总结出的思想方法与理论，影响了整整几代的广大少先队工作者，并对上海甚至全国的少先队工作的决策发挥了影响。他用一生践行了他的"甘为红领巾孺子牛，誓当少先队敢死队"的诺言。

金声的评论高度概括了段镇的一生。早在1983年9月在莫干山休养时，段镇就留下这样一首诗：

我爱红领巾
我写红领巾
红领巾是我的希望，我的生命
加紧写呀
写出你们的成长
写出我们共同劳动、创造的结晶
红领巾是我的心脏
红领巾我最亲
深情的期待，殷切的希望
寄托我坚定的信念
献出我全部的心血
啊，我永远在你们身边
当你们变成坚硬不锈的合金钢时
就让我变成煤渣
我将愉快地躺在地上

为你们铺好向更高山峰进军的道路

悼念段镇的活动很多，规格也相当高，但最值得欣慰的是，段镇独著的53万余字的修订版《少先队学》，于2015年5月出版。在该书的后记中，段镇写道：

《少先队学》的迟到（初版用了25年，修订用了6年——本书作者注），是我有意识的积极等待。等待实践，反复地实践；等待积累，逐步地积累。我认为，理论只有从实践中来，才能是比较科学的和有用的理论。一门新学科的创立，需要长期的科研积累，并经得起时间的检验。

…………

《少先队学》是教育科学园地上绽放的一枝独特的花朵，她特别鲜艳，生机勃勃，有广阔的发展前景。她结出的果实将为一亿三千万红领巾儿童和数百万少先队辅导员共享。

在一个皎月当空的夜晚，当我沉醉在《少先队学》的字里行间时，一首小诗从心泉流出：

段伯伯，您在哪里
您在鲜艳的红领巾里
您在咚咚的队鼓声里
您在活跃的队室里
您在神奇的夏令营里
您在辅导员的智慧里
您在父母们的微笑里

段伯伯，您永远不会离去
只要有少先队的地方
就会有您的身影
只要有儿童的地方
就会看到您的笑容
因为您的大爱与智慧
就像灿烂的阳光
永远温暖在我们的心中

1999年12月至2000年2月初稿于北京东环广场
2019年11月至12月修订于东京

# 后　记

在2000年到来之际，我用两个月的时间，写出了著名少先队教育家段镇的传记《解放孩子》。到2019年全新修订，已经长达20年！

1991年1月，我轻松愉快地来到上海，出席段镇少先队教育思想研讨会。当时，我没有任何写作计划，只是抱着对段伯伯的敬仰与兴趣而来。会议期间，我参加了闵行区华坪小学的"小队长招待会"，强烈的创作欲望在我心中熊熊地燃烧起来。

坦率地说，深深震撼我的并非段伯伯的献身精神，而是由于他的教育思想与实践给孩子带来的解放。从那一张张洋溢着幸福的小脸，从那一双双闪耀着智慧的眼睛，我看到教育创造的奇迹。于是，我决定创作两部长篇作品，一是儿童小说《金猴小队》，二是为段伯伯写一部传记。

《金猴小队》很快就完成了，并改成八集电视剧多次在原中央电视台播出，还获得中国电视剧"飞天奖"。实际上，《金猴小队》不过是段伯伯思想长河中的一朵浪花而已，更完整的就应是他的传记，可传记却迟迟难以动笔。我专门来段伯伯家住了十天，获得极其丰富的素材。如果像我以前写的《孩子，抬起头》那样，写成一部教育小说，此书早可以问世了，但我总觉得会可惜了如此珍贵的历史。1993年至1994年，发生了中日少年《夏令营中的较量》引起的教育大论争，我身为作者被卷在旋涡中心，去做了一系列课题研究。不过，我一直在采访段伯伯，采访一切与他有重要关系的人，尤其是地下工作期间的战友们，如胡德华、吴芸红、祝敏、王业康、施德铨、颜学琴等人。我最终决定，老老实实写一部传记，哪怕"糙"一点，也要"糙而不俗"，即宁肯损失许多文学性的描写，也要将段伯伯的最有生命力的思想留给他钟情一生的少先队，把他的真实而传奇的经历讲给广大热心教育的读者。这便是《解放孩子》一书的由来。

细心的读者会发现，本书描写了许多精彩纷呈的少先队活动，却并没有充分展开，而重心在展示段镇一系列教育思想的形成与要义。这正是我的本意。在我看来，奇妙的队活动固然魅力无穷，但基础仍是教育思想。早在20世纪初，意大利教育家蒙台梭利就提出了"发现儿童"和"解放儿童"。一个世纪过去了，人类并未真正完成这一伟大使命。我之所以固执地选用《解放孩子》为书名，既是因为这表达了段镇教育思想与实践的核心，又渴望在新的时代彻底完成这一神圣责任。我很赞成教育家陶行知关于解放儿童的五大主张。他提出：解放小孩子的头脑、解放小孩子的双手、解放小孩子的嘴巴、解放小孩子的空间、解放小孩子的时间。

每个时代都有自己的高峰，而真正的思想高峰无不是在继承前人的基础上耸立起来的。写完《解放孩子》，我的第一个直觉是：任何一个教师尤其是少先队工作者，都可以读一读它。这并非因为我的文笔如何，也不是因为段伯伯的身份怎样，只因为这段历史是不能忘记的，这段探索是不可忽视的。从一定意义上说，段伯伯和他的同事们的执着追求，已经为新一代少先队工作者留下了一个个路标。

"作家是庄稼的收获者，而更应当感谢的是培育庄稼的人。"我写完《解放孩子》一书的感受正是如此。段伯伯用毕生的心血，培育了姹紫嫣红、硕果满枝的少先队百果园，而我不过是将丰硕的果实采摘下来奉献给大家品尝。

在这里，我首先诚挚地感谢段伯伯的慷慨无私。他不但提供了包括日记、通信在内的大批珍贵资料，还热情、耐心地接受了我十几年的无数次采访。他的妻子李蕙芳老师甚至应邀北上，专门接受我的采访，就连当年恋爱时穿的旗袍颜色写错了也纠正过来，力求事实准确无误。

对本书写作贡献突出的人员名单中，应特别提到的是段镇、李蕙芳、刘元璋、沈功玲、倪谷音、邱从实、赵国强等人。刘元璋老师提供的材料，使20世纪50年代初期少先队岁月栩栩如生，并蕴含了丰富的教育思想。如果没有他的相助，本书会失去不少光彩。沈功玲是段镇最主要的合作者，也是本书中的重要人物之一，她的特殊贡献在于对本书的总体把握，其深刻的见解使段镇的形象更真实、更完整、更和谐。段镇、李蕙芳、沈功玲等人逐字逐句审读了本书初稿，并提出若干具体而非常必要的修改意见，避免了一些可能发生的错误。陆士桢教授和华耀国、魏慈瑛两位总辅导员的热情建议，也给了我一些灵感。

这次全新修订版的《解放孩子》有三个主要变化：一是将段镇（1928—2014）完整的一生与主要贡献写出来了；二是主要突出了富有创造性的少先队活动；三是增加了一些代表性人物成长的回顾，作为少先队生活影响力的证明，如姚明、张泉灵、汤玫捷等。

在《解放孩子》全新修订版问世的时候，我谨以红领巾的敬礼，衷心感谢上海少先队各位专家和朋友的鼎力相助。特别感谢浙江文艺出版社的智慧策划和精心编辑出版，特别要感谢王晓乐总编辑的有力支持，感谢责任编辑王晶琳和周佳提出的宝贵建议。

在我的文学创作生涯中，我与少先队有着不解之缘。从《少年探险家》到写全国十佳少先队员苏进、杜瑶瑶，从《金猴小队》到《夏令营中的较量》，从《孩子，抬起头》到《解放孩子》，不都是少先队生活给我的灵感与激情吗?

　　为少先队工作的岗位都是"魔椅",谁坐上它都会返老还童。不信,您可以试试,而本书可能成为您的向导。

孙云晓

2019 年 12 月 12 日于东京